K

E

KOUZLO OSOBNOSTI

Pozitivní názory a praktické tipy
od přední světové modelky
větších velikostí oděvů

EMME
napsané ve spolupráci
s Danielem Paisnerem

KNIŽNÍ KLUB
EMINENT

Přeložila Romana Šonková

ISBN 80-7176-899-5 (Knižní klub. Praha)
ISBN 80-85876-74-4 (Eminent. Praha)

Poděkování

V posledních pár letech mi musel sedět na rameni andělíček strážníček, protože mé poselství vyslechlo několik velice výjimečných lidí, uvěřilo v něj a začalo jednat.

Novinářka Sara Hallová mi umožnila otevřít dveře, které vedly k napsání této knihy. Děkuji vám za porozumění, neuvěřitelnou vynalézavost v práci a přátelství... Mikale St.Georgi, děkuji vám za vaši pomoc... Neměla jsem ani potuchy, co obnáší psaní knihy, ale díky svému drahému příteli a literárnímu agentovi, Danu Stroneovi z William Morris Agency, který ve mě věřil a povzbuzoval mě, abych vylíčila svůj příběh, je teď kniha skutečností. Bez vás bych to nedokázala. Tisíceré díky Debře Bardové... Dane Paisnere – děkuji vám, že jste byl při naší společné práci v minulém roce tak báječný, že jste mě nutil přepisovat a přepisovat a přiměl mě vložit společně s vámi záplavu myšlenek a emocí do knihy, na niž jsem velmi pyšná... Stacy Creamerová, vzácná paní redaktorko, vy jste z této knihy učinila realitu a dotáhla ji do cíle! Děkuji vám i zbytku osazenstva v nakladatelství Putnam za váš oddaný zájem a důvěru ve mě.

Mé rodině: teto Jessico a teto B., děkuji vám za vaši nekonečnou víru, lásku a moudrost... Chipe a Mel, vám za to, že jste se zájmem poslouchali a neměli strach, že vyrostete. Jsem na vás oba moc pyšná... Jen, Jen, ty jsi jednička!... Judy (má tvrdohlavá a cenná čtenářko rukopisu) a Herme, děkuji vám, že jste mě měli rádi jako vlastní a stáli při mně, když jsem vás nejvíc potřebovala... Jonathane, tys mě podaroval tím, žes mi ukázal, v čem spočívá odvaha. Bůh žehnej tobě i tvému zářnému příkladu... Sethe, Lioro, Arianno a Benjamine, všechny vás mám moc ráda a vážím si veškeré vaší podpory ve všem, co dělám... Babičko a dědečkové, děkuji za to, že jste milující prarodiče, které jsem nikdy neměla... Bratranče Morty („Pusť se do toho, nebo jdi od válu!"), díky... Franku, Heurto a strýčku Waltře, děkuji vám za vaši lásku a vždy nastavené ucho a za to, že jste stále nablízku... A tobě, Bille, přeji zdraví a všechno dobré... Děkuji vám všem za to, že jste ze mě učinili člověka, jakým dnes jsem.

Zvláštní díky patří Dannymu a Lois Laitmanovým, Marku a Amy Fierrovým, Roze Lichterové, Andymu Siegelovi, Ericu Offnerovi, Ericu Zohnovi, Larrymu a Caroline Tedescovým, Brianu Dubinovi a jeho týmu, jsem ráda, že vás mám ve *svém* týmu... Patty Sicularové, mé přítelkyni a agentce číslo jedna, agentuře Ford a všem svým agentům, děkuji vám za báječnou kariéru... Rosemary O'Brianové děkuji za všechnu její pomoc... Stasovi za cvakání spouští vždy a všude... Sergio, Fergie, Janice, Adame G., Adame W., Joshi, Jill G., Evansi v Londýně, C. W. Blume, Jacci, Suzanne V., Jerri a Kim Johnstonovi, děkuji vám!... Victoru M. Fornarimu a Shawn Frankové z North Shore University Hospital's Center for Eating Disorders a pacientům, kteří se velkoryse podělili o své myšlenky a zážitky... Juliette Taskaové za intuici, která předstihla dobu... PhDr. Elizabeth Weinstockové a PhDr. Jane Shureivé za jejich studie o přemáhání studu a institutu OMEGA, ANAD a EDAP za vše, co udělaly pro miliony lidí... PhDr. Lise Berzinsové, výkonné ředitelce P.L.E.A.S.E. za úsilí o posun v legislativě... Alice Fornariové z Long Island University's Center for Nutrition za trpělivost a porozumění... a všem ženám, které otevřely svá srdce, nemohu vám dost poděkovat za váš nadšený zájem. Pochopila jsem.

Nemám možnost zmínit se o každičkém člověku, který mi pomohl dospět k tomuto okamžiku mého života. Neměla bych zkrátka dostatek místa, a tak mi dovolte vyslovit upřímné díky rodině a svým milým přátelům, kteří pro mě mnoho znamenali, věnovali mi svůj čas a otevřeli mi své domovy, když jsem to během uplynulých let potřebovala.

Nakonec jsem si nechala to nejlepší... Poděkování svému manželovi, Phillipovi. Tvá soustavná podpora, láska a nepřetržitá pomoc byly pro mě k dosažení tohoto cíle nezbytně nutné. Každý den, kdy se vzájemně milujeme, sdílíme svůj život a rosteme vedle sebe, velebím jako dar z nebes, že tě mám. Děkuji, že tu stále jsi.

Bože, skrze tebe je možno dokázat vše. Děkuji Ti.

Tuto knihu věnuji své matce, Sally, a mnoha ženám, které v dnešní době zápasí se svým vzhledem a sebedůvěrou. Kéž naleznete klid ve skutečnosti, že nejste samy.

Obsah

1

Podívej se znovu

„Vše, co jsi, je výsledek všech tvých myšlenek."
– Buddha

Při zpětném pohledu zjišťuji, že šlo o to být ve správný čas na správném místě.

Jela jsem ve svém Oldsmobilu z roku 1978 a snažila se natěsnat pochůzky na měsíc do jediného volného odpoledne, když jsem zastavila na červenou poblíž místní střední školy. Měla jsem puštěné rádio, ale nepamatuji si, co hráli. Nevzpomínám si ani, jaké bylo počasí či kam přesně jsem měla namířeno. Seděla jsem v autě a nečinně hleděla na přechod pro chodce, kudy jsem při svém pobytu ve městě projížděla téměř každý den.

Okénkem spolujezdce jsem spatřila mladinké děvče vlekoucí se do školy, které si neslo karton značkového dietního nápoje. Nemám na mysli dietní limonády, ale práškové doplňky výživy dodávané na trh farmaceutickými firmami a propagované bývalými sportovci a populárními herečkami. Tato dívka kráčela s chladnou sebejistotou někoho dvakrát tak starého a pohupovala kartonem, jako by právě on byl předmětem její pýchy. Zprvu to na mě nijak zvlášť nezapůsobilo.

Červená se však protáhla, takže jsem se na ni podívala ještě jednou a důkladně si ji prohlédla. Něco na ní bylo… Zdála se dobře rostlá, měla skoro atletickou postavu. Byla to vysoká dívka, na svůj věk hřmotná, ale postavu měla spíše silnou než otylou. Mohlo jí být tak třináct, měla oslnivou hřívu vlasů černých jako uhel a prsa, která jí kamarádky mohly jedině závidět.

Dietní nápoje vypovídaly o tom, že si hlídá váhu. Stejně jako spousta dalších dívek. Já byla taky taková. Abych řekla pravdu, když otočila hlavu, viděla jsem v jejích očích sebe. Byla jsem to já! Před lety!

Jako teenager jsem byla mohutnější než všechny mé kamarádky – vyšší, kulatější, plnější, těžší – a díky tomu nesmírně rozpačitá. Tahle dívka se stejně jako já narodila s rozložitou kostrou. Nikdy nebude mít tu nemožně hubenou postavičku klasických modelek na předváděcích molech, ale rozhodně nebyla tlustá. Podobala se milionu dalších nadprůměrně urostlých dívek a zoufale se snažila přizpůsobit se, vypadat jako dívky z reklam v časopisech, být něčím, čím nebyla. Jenže za jakou cenu?

Ony dietní nápoje, které si nesla, možná „doporučil lékař", ale reklama poněkud opomenula zmínit se o tom, že zpočátku byly určeny jako doplněk stravy pro pacienty zotavující se po operacích, pro ty, kteří trpí gastrointestinálními problémy, a pro pacienty s rakovinou podrobující se chemoterapii. Nejsou to zdravé náhražky vyvážené stravy – zvlášť ne pro třináctileté děvče, které by mělo jídlo kousat a ne ho srkat brčkem.

Při pohledu na tu dívku jsem se nemohla ubránit úvahám o tom, kolik sil věnuje dosažení kýžených proporcí, což pro ni bude vzhledem k jejímu tělesnému typu obtížné, ne-li nemožné, a jak daleko je ve snaze dosáhnout svého cíle ochotna zajít.

Měla jsem chuť vystoupit z auta a trochu té dívce promluvit do duše. Také jsem pro ni měla spoustu otázek. Jak moc jí záleží na tom být štíhlá? Jak dlouho se zajímá o svou váhu? Dosáhla naše kultura bodu, kdy boj o štíhlou linii začíná před pubertou?

Nechala jsem však pominout vhodnou chvíli. Když konečně naskočila zelená, pokusila jsem se zaměřit pozornost na zbylé povinnosti a odjela jsem. Jak jsem však pokračovala v jízdě, nemohla jsem se zbavit otázek, které mi při pohledu na onu dívku vytanuly v mysli.

Když jsem počátkem sedmdesátých let byla v jejím věku, žádné dietní doplňky jsem po ulicích nenosila jenom proto, že v té době nebyly tak rozšířené. Kdyby byly dostupnější, bezpochyby bych je také často popíjela. Moje váha představovala vždycky problém a prožila jsem období, kdy bych bývala udělala téměř všechno, abych se víc podobala svým hubenějším a křehčím kamarádkám.

Ačkoli jsem se v té dívce tolik viděla, ponechala jsem ji svému osudu, jako by mi do ní nic nebylo, a to v době, kdy jsem ji vzhledem ke svému povolání mohla ovlivnit. Byla jsem jednou z nejžádanějších modelek v oddělení pro plnoštíhlé u Ford Models. (Předvádění větších velikostí oděvů je nejrychleji se rozvíjející obor modelingu, napomáhající prodeji ženské módy větších velikostí.) Podle článků v tisku jsem v této oblasti své profese dosáhla naprostého vrcholu. Měřila jsem metr osmdesát, vážila šestaosmdesát kilo a po spoustě vynaloženého fyzického a emocionálního úsilí jsem se konečně cítila báječně i při tak „nemódní" velikosti. Vyrůstala jsem s pocitem, že mé tělo je můj nepřítel, a nyní mi totéž tělo pomáhalo vydělávat si na velice pohodlné živobytí. Stále jsem neodpovídala tradičním představám o kráse, ale cítila jsem se skvěle, a to přesto, že jsem působila v profesi, kde se oceňuje právě krásný zevnějšek. Dospěla jsem ke zjištění, že opravdová krása vychází zevnitř.

Nebyl to nijak malý objev. Celé své dětství a velkou část mládí jsem se potýkala s váhou a s nedostatkem sebevědomí kvůli svému zevnějšku. Nyní jsem byla živoucím důkazem toho, že velikost šatů není to, na čem záleží. Záleží totiž na zdraví. Uplatňujete své nadání? Jste spokojené? Mohly byste se pokládat za šťastné?

Bylo by absurdní tvrdit, že na vzhledu vůbec nezáleží. Koneckonců je to první věc, kterou musíme předvést, když se setkáme s někým novým. I když na vzhledu můžeme pracovat, mnohem důležitější je pracovat na svém nitru. Ale o tom až později...

Té dospívající dívce, dychtivě polykající dietní nápoje, jsem měla hodně co říci. Tenkrát na střední škole jsem si prostudovala dost tabulek, abych věděla, jaké svaly se posílí nošením takového kartonu krabic. Pouštěla jsem se do bláznivých diet a při všech švindlovala. Zoufale jsem se probojovávala k plavkám o jedno číslo menším. Počítala jsem kalorie a gramy tuku a sledovala intervaly mezi jídly. Dělala jsem si starosti, jestli se mnou kluci budou chtít chodit, když jsem větší než oni. Jako dítě jsem byla nucena poznat, že za každé jídlo se musí pykat. A hle, byla jsem tu, i po všech těch trampotách. Přežila jsem. Nejen přežila, jen jsem kvetla. A naštěstí jsem nebyla jediná, kdo cítil, že jsem opravdu ve formě. Přední módní tvůrci mi platili slušné peníze, abych nosila jejich šaty. Pracovala jsem s nejlepšími fotografy a vizážisty po celém světě. Tenhle krátký návrat domů, do New Jersey, byl vlastně jen jakousi zastávkou v depu k natankování a vyřízení několika záležitostí před odletem za dalším pracovním úkolem v další exotické zemi.

Nejsem pověrčivá, ale nevěřím ani na náhody. Některé věci se zkrátka mají stát. Někdy se vám v rozhodující chvíli postaví do cesty ten správný člověk. Jestliže jsem však vstoupila do cesty oné třináctileté dívky z nějakého důvodu, nepřiblížila jsem se k ní dostatečně, nezastavila jsem se, nepromluvila s ní. Možná jsem si pomyslela, že by to nebylo slušné, že nemám čas nebo že by ta dívka byla k cizímu člověku, jako jsem já, nedůvěřivá. Zkrátka jsem se do toho nechtěla plést.

Přemýšlela jsem o té dívce celý den i následující týdny. Myslím na ni stále a představuji si, jak by vypadal náš rozhovor. Opravdu si tu chvíli znovu a znovu přehrávám. Ráda přemýšlím o tom, že kdybych měla možnost ji ještě jednou spatřit, zastavila bych se. Udělala bych si čas na to, abych zjistila, co se s ní děje, co cítí, co si myslí. Hodně jsem se napřemýšlela o tom, co bych se jí pokusila říci, jak bych se s ní podělila o některé své zkušenosti – *aniž* by to znělo jako kázání. Ostatně při zpětném pohledu se nám všechny naše cesty zdají snazší, jako by cíl byl vždycky jistý. Musela jsem hodně přemýšlet a trochu studovat, ale nakonec jsem dokázala zformulovat určité poselství, o nějž bych se ráda podělila s dívkami podobnými té, kterou jsem spatřila onoho dne, a s mnoha miliony dalších žen, které se vymykají současnému „ideálu".

Ráda bych jim řekla, že nevadí, když trochu vyčuhují z řady. Nestůjte v koutě, vrhejte větší stín, ale ujistěte se, že jste zdravé, fit a šťastné. Ujistěte se, že si dokážete udělat čas na jídlo a jíte správně a moudře. Stanovte si cíle, jichž byste chtěly v životě dosáhnout, a pracujte na nich. Vězte, že téměř všechno, po čem toužíte, je možné. Zeptejte se samy sebe, zda vám váš životní styl pomáhá, či je vám na překážku. Naše sebeúcta nemusí být otřesena jen proto, že jsme plnější a zaoblenější než dívka na přední straně časopisu *Cosmo*. Úspěch, zdraví, štěstí, krása... přicházejí k lidem všech tvarů a velikostí.

Každá z nás je jiná, a přece se všechny ženy, které znám, snažily občas přizpůsobit nějaké nepřirozené představě, jak by měly vypadat. Taková zbytečná námaha!

Jestliže prosadí svou vizážisté, kosmetické firmy a módní návrháři, bude nám vždycky připadat, že v něčem nevyhovujeme. Buď nám nepadnou šaty, neodpovídáme ideálu, či se nepřizpůsobujeme životnímu stylu. Prostě se nehodíme do dnešní doby. To je vážně ostuda. Prodávají nám představu superštíhlé, superzdravé supermodelky, ale my prostě takové nejsme. Jen zalistujte zpátky k obálce téhle knížky a uvidíte, že já taková nejsem. Jestli jste dočetly až sem, nejspíš takové nejste ani vy.

Je samozřejmě lehké říci: Přijměte svou statnou postavu. Vrhejte větší stín. Buďte zdravé, fit a šťastné. Možná si pomyslíte: Jenže to je stejně snadné jako vyhrát v loterii! A já nechci, aby má slova vyzněla neuváženě. Ze své osobní zkušenosti vím, že cesta k sebeúctě může být dlouhá, plná oklik a slepých uliček. Nehodlám vám tudíž radit, co byste měly dělat, ale raději vám povím, co se přihodilo mně. Možná se neztotožníte se všemi podrobnostmi mého příběhu, ale myslím, že budete sdílet mé pocity. A až to uděláte, budete vědět, že nejste samy. A nejsme to jen vy a já. Šedesát procent amerických žen nosí šaty větších, ba i nadměrných velikostí. To znamená, že přinejmenším šedesát procent Američanek neodpovídá platné představě o vhodném zevnějšku. Nechám na vás, abyste si spočítaly, kolik procent z nás poměřuje své neštěstí tím, jak dalece se lišíme od ideálu. Povím vám upřímně, že já takhle neštěstí už neměřím, ač jsem to po mnoho let dělala. Většinu mého dospívání a počátek dospělosti vyplňovala víc než co jiného snaha zformovat své tělo do tohoto ideálu – ideálu zcela nevhodného pro můj tělesný typ. Nejsem na to sice hrdá, ale bylo to tak. Mezi držením diet, hladověním, šizením diet, přerušováním hladovek, tajným přejídáním se, počítáním kalorií a gramů tuku a cvičením jsem většinu svého života zasvětila trestům za přejídání a strachu z démona přejídání. Usilovala jsem o ideál, který byl nedosažitelný – nebo přinejlepším o ideál, jehož cena byla z hlediska zdraví, zdravého rozumu a vynaložených sil příliš vysoká.

Existuje alternativa. Touto alternativou ovšem není to, že si dovolíte být obézní. Jak občas říkám lidem, kteří namítají: „Vy přece nejste tlustá," nejsem modelka propagující obezitu. Jsem modelka pro větší velikosti oděvů, modelka pro velikosti a tvary, které nejsou dnes preferovaným standardem, i když jsou mnohem standardnější. Více žen se blíží mé velikosti než velikosti Kate Mossové. To, co hájím, je kladné přijetí této velikosti – kulturou, ale hlavně ženami, jako jsme my: ženami, jejichž vrozený tělesný typ se liší od současného ideálu. Ráda vystupuji v médiích – v reklamách novin a časopisů, nedávno na billboardu na Times Square (modelce naší velikosti se podařilo takto se proslavit poprvé).

„Vy se máte," řeknete možná, „jste topmodelka." Jak ale vysvětlím později, ženu činí krásnou její sebeúcta a ta musí vyzařovat zevnitř. To platí pro ženy (i muže!) všech velikostí. Věřím však, že kvůli tomu, jak naše kultura preferuje určitý typ dokonale štíhlého těla, musí ženy s plnější postavou při budování sebeúcty čelit konkrétním překážkám, jelikož podle názoru společnosti jsme a priori příliš velké, příliš hřmotné, příliš zaoblené a příliš těžké, abychom byly žádoucí. Je nesnadné vzepřít se uznávaným hodnotám, ale možné to je, krok za krokem. Můžeme se naučit nepadnout za oběť současné idealistické představě o postavě, dohlédnout přes chmurný závoj na život, který čeká, že ho plně prožijeme. Doufám, že pokaždé, když se objevím v nějaké reklamě, pomáhám nahlodávat onen monolit ultraštíhlosti. To však nestačí. Je načase, abych vyslovila své poselství. Když jsem tenkrát zastavila na červenou u oné třináctileté dívky, šance jsem se nechopila, ale doufám, že to teď napravuji. Mám-li pravdu a náhody skutečně neexistují, možná si tuto knihu jednoho dne přečte i ona...

2

Začátek

Mé nejranější vzpomínky nemají nic společného s tím, jak jsem vypadala. Je to zvláštní, ale na člověka, jehož život v mládí ovlivňovala problematická představa o zevnějšku, jsem měla dětství doslova idylické – a tloušťka v něm nehrála roli, alespoň v tom smyslu, že bychom se jí zabývali tolik, jako tomu bylo později. Moc nás nezajímalo, kolik vážíme. Váhu jsme měli proto, aby na ni usedal prach, zrcadla na to, aby se do nich dělaly směšné obličeje, a jídlo bylo záminkou pro nácvik slušného stolování.

Moje matka a já jsme bydlely v New Yorku, později jsme spolu žily ve dvoupokojovém bytě v Upper East Side. Byla to báječná doba nevinnosti, i když teď si uvědomuji, že pro mou matku to muselo být hodně těžké. Milovala jsem způsob našeho života, ten pocit soudržnosti a bezpečí, který se s ním snoubil. Takové rodiny – a to jen vzdáleně připomínaly tu naši – se vyskytovaly pouze v televizi.

Moje matka byla nejstatečnější žena na Manhattanu, možná dokonce na celém světě. Byla rozvedená a pracovala ve dvou zaměstnáních. Prožila snad tucet životů. Dívčím jménem se jmenovala Sally Lamar Owensová a myslím, že měla báječné dětství. Narodila se na Trinidadu, vyrůstala v Itálii a v Egyptě a studovala ve Švýcarsku. Můj dědeček pracoval u Standard Oil, a tak se maminka s rodinou stěhovala z jednoho exotického místa na druhé a vstřebávala nejrůznější způsoby žití, uvažování a jednání.

„Melisso," říkávala, než mě místo křestním jménem začala oslovovat přezdívkou Emme, „to si neumíš představit."

Mýlila se. Uměla jsem to. A také jsem to dělala. Často.

Už jako malé děcko jsem žasla nad maminčiným neobvyklým životem. A jak byla krásná. Vím, že většina lidí má o svých rodičích zkreslené představy, ale moje matka byla skutečně krásná. Mám snímky, které to dokazují. Byla vysoká, měřila necelý metr osmdesát, měla pěknou, silnou kostru, souměrnou postavu a oslnivé kaštanové záblesky v dlouhých hnědých vlasech. Uměla se krásně usmívat. Měla velkou nohu, což jí vždycky připadalo ošklivé, ale já jsem si s tím hlavu nikdy nelámala. A nádherně voněla – přesně tím správným množstvím správného parfému smíseným se správným množstvím její vlastní přirozené vůně. V jejím objetí se mi chtělo zůstávat hodně, hodně dlouho.

Můj otec hrál v mém životě také důležitou roli, ale protože jsem bydlela jinde, nebyla to role vždy nejkladnější. Jmenoval se Tom Miller a připadal mi jako obr, téměř nedotknutelný. Nikdy jsem si ho nestavěla na piedestal jako matku, ale on ani žádný nepotřeboval. Měřil dva metry a byl nesmírně pohledný. Měl blond vlasy, atletickou postavu a ten nejhlubší hlas, jaký jsem kdy slyšela. (Také on měl velké nohy, takže jsem mohla tušit, co mě nevyhnutelně čeká!) Naneštěstí byl jako otec poněkud bezradný. Pořád mi říkal, že mě má rád, a určitě měl, ale nevěděl, jak to dát najevo.

Moji rodiče se rozvedli, když jsem byla ještě malá. Takže kam mi paměť sahá, žily jsme spolu jen já a maminka. Ona byla moje máma *i* táta. Měla jsem v ní úplně největší kamarádku. Přišla z práce, nakrmila mě, vykoupala a uložila včas do postele. Vždycky jsem ji běžela přivítat ke dveřím, stejně jako jiné děti běhají vítat své tatínky. Pokaždé pro mě měla v jedné z kapes schovaný nějaký pamlsek a naše hra spočívala v tom, že jsem musela prohledat její kostkovaný vlněný kabát a najít ho. Zasmály jsme se, vylíčily si navzájem svůj den a vybraly z police knížku na čtení před spaním. Někdy jsem se oblékla do jedné ze svých masek – do sukničky pro baletky nebo do indiánské čelenky – a předvedla jí malou scénku. Pamatuji si na pocit, že ve chvíli, kdy vešla do dveří, ostatní svět zmizel.

Ať už jsem své matce vyprávěla jakoukoli historku, soudila, že je báječná, každý výkres, který jsem nakreslila, byl nejkrásnější, jaký kdy viděla, každá dovednost, kterou jsem si toho dne osvojila, neměla podle ní konkurenci. Říkávala, že jsem její boží dáreček, a zahrnovala mě bezvýhradnou láskou a chválou.

K tomuto jedináčkovi z rozvráceného manželství byl život velice milostivý.

Na scénu vstupuje Bill, muž, který mě dříve, než uplyne rok, přiměje říkat mu tati. Nerada toho muže představuji tak zlověstně, ale při pohledu zpět se nemohu zbavit pocitu, že jeho příchodem naše životy změnily barvu. Můj určitě. Bylo to především tím, jak ovlivnil můj pohled na svět a mou představu, jak zbytek světa údajně pohlíží na mě. Změnila jsem se z bytosti žijící ve středu matčina vesmíru v zaražené děcko, co si nikdy nepřipadá dost dobré.

Zpočátku mě Bill zbožňoval. Vedl orchestr na střední škole. Byl vysoký, měřil metr devadesát osm, a musel vážit skoro sto čtyřicet kilo. Působil tak mohutně, že dokonce i tak impozantní a srdnatá žena jako moje matka se vedle něj jakoby scvrkla. Jeden den měla všechno pevně v rukách a den nato tančila po bytě a prozpěvovala si o svém novém vyvoleném. Už za několik týdnů si plánovali svatbu. Všechno se to seběhlo hrozně rychle.

Přestěhovali jsme se do dřevěné chaty do West Milfordu v New Jersey. To stavení jsem milovala a první měsíce s Billem se mi také moc líbily. (Vůbec poprvé jsem si mohla hrát ve sněhu!) Choval se ke mně jako opravdový otec. Učil mě rybařit. Postavil mi na stromě úžasný domeček a vynosil mi na náš nový dvůr spoustu věcí na hraní. Bylo to báječné. V New Yorku jsem znala jen betonové hřiště a způsobné vycházky do parku, zato tady jsem mohla všechno svobodně prozkoumávat a snít. Domeček na stromě byl sotva víc než plošina, měla jsem tam ovšem jedinečnou skrýš. Kolem bydlely děti, ale žádné blízké kamarády jsem neměla. Byla jsem jen já a můj malý domeček v lese.

Ze začátku pro mě Bill udělal hodně hezkého. Učil mě vařit a tančit. Nejraději jsem tančila v jeho náručí. Jeho velikost ve mně budila dojem bezpečí. Předával mi svou lásku k hudbě, což byl nejspíš jeho nejvzácnější dar. Bill měl však i stinnou stránku, a tu rovněž předvedl. Prožil nešťastné dětství, na něž jsme se nesměli vyptávat. Z předchozího manželství měl děti, které vídal málokdy. Měl výbušnou povahu a problémy s nadváhou, což – jak se později ukázalo – mělo škodlivé účinky na jeho zdraví i na zdravé ovzduší naší rodiny.

Jeho výbušná povaha se projevila nejdřív. Jednou, po několika měsících našeho nového života, se při hádce s matkou přestal ovládat natolik, že prorazil díru ve zdi. Podobalo se to scéně z nějakého filmu, ale hrůza, kterou jsem cítila, byla skutečná. V tu dobu byla moje matka těhotná s mým bratrem Chipem. Jak jsem při zadunění uskočila před odletujícími kusy sádrokartonové desky, snažila jsem se zachytit matčin pohled, kterým by mě ujistila, že bude zase všechno v pořádku. Kdo byl ten muž, co po mně chtěl, abych mu říkala táto? Kam nás to dostal? Bylo už příliš pozdě vrátit se k našemu dřívějšímu životu? Maminka možná měla nějaké pochybnosti, ale nikdy nic neřekla. Upřímně toho muže milovala a přijímala ho takového, jaký byl: chvíli vřelý a přítulný a pak zas odtažitý (nebo vzteklý).

Bill byl nesmírný pedant a moje matka jeho autoritu úzkostlivě podporovala. Věděla, jak jsem zmatená z Billova vstupu do našeho života a z nenadálých změn, které z toho vyplývaly. Chodívala za mnou do pokoje a pomáhala mi pochopit Billovy názory. Já jsem obvykle bědovala, jak moc se všechno změnilo a jak moc si přeji vrátit se k našemu starému životu.

Bill míval své chvilky. Uměl být nesmírně milý a laskavý, a vzápětí se rozzuřil jako tornádo. Běsnil pár minut po domě a já jsem se vždycky obrnila a říkala si: *Bude to dobré.* Nikdy to však už dobré nebylo.

Po čase matku napadlo, že by možná pomohla změna prostředí. Našla inzerát na místo učitele hudby na nižší střední škole u naftařské společnosti Aramco ve Dhahranu v Saúdské Arábii a vyzvala Billa, aby se o něj ucházel. Všichni jsme si mysleli, že to bude ohromně výhodné. Pro mě to byla šance prožít něco jako exotickou pohádku z matčina dětství, zakusit to co ona, víc se jí přiblížit. Vím jistě, že pod našimi společnými vyhlídkami se skrývala tichá naděje, že v tomto novém prostředí nebude Bill pod takovým tlakem, že najde způsob, jak utišit své návaly zlosti, a natrvalo se uklidní.

Před odjezdem bylo zapotřebí vykonat spoustu věcí. Bylo mi teprve sedm či osm, ale věděla jsem, že nás čeká velmi dlouhá cesta letadlem doprostřed pouště na místo, kde je moc, moc horko. Věděla jsem, že tahle naftařská společnost vyrábí benzin, na který jezdí auta. Věděla jsem, že tam lidé budou mluvit jinou řečí, že se budou jinak oblékat a jinak chovat a myslet. Věděla jsem, že Bill bude vyučovat hudební výchovu a řídit orchestr na anglické škole pro děti zaměstnanců naftařské společnosti, na stejné škole, kam budu chodit i já. A věděla jsem, že náš život už nikdy nebude stejný.

Museli jsme si zabalit – nejen oblečení, ale celou domácnost. Maminčin křišťál a stříbro, její starožitnosti a pár kousků nábytku, které ona a Bill koupili spolu... brali jsme všechno s sebou. Jednou odpoledne se objevili stěhováci s obrovským stěhovacím vozem velikým jako náš obývák a za pouhých pár hodin do něj náš dům vyprázdnili.

Vybavuje se mi jedna vzpomínka. Po cestě na letiště Johna F. Kennedyho Bill přiměl řidiče taxíku zastavit v Queensu u Carvelova zmrzlinového krámku. O tomto „lahodném překvapení" mluvil už týdny, a teď to přišlo. Všichni jsme vystoupili z auta a nahrnuli se dovnitř. „Melisso," řekl, když na stůl přede mě postavil obrovský pohár ze tří druhů zmrzliny s ovocem, horkým fondánem, šlehačkou a oříšky, „něco takového teď hodně dlouho nedostaneš, takže to radši pěkně sněz." Objednal i jeden pro sebe a pro mou matku. Ještě stále mám před očima, jak tam sedíme, nad námi rachotí letadla odlétající a přistávající na Kennedyho letišti, venku v taxíku běží taxametr a my hltáme své bombastické poháry, jako by to byla naše poslední večeře.

Tato epizoda u Carvela před naším odjezdem symbolizuje Billovu posedlost, onen rozporuplný vztah k jídlu, který uvedl do naší rodiny. Zamyslete se nad tím. Tehdy se u nás doma žádná zmrzlina jíst nesměla. Veškeré sladkosti se přidělovaly střídmě, pokud vůbec. Chodívala jsem do školy s krabicí na jídlo plnou „zdravých a výživných" svačin a sendvičů, které by si se mnou žádné dítě nevyměnilo. Dívala jsem se na kamarády, jak si mezi sebou směňují koláče a jiné moučníky, a seděla jsem na druhém konci jídelny, abych se vyhnula jejich posměškům. Z toho všeho jasně vyplývalo: Sladkosti a podobné požitky byly striktně zakázány. Najednou jsme se však ocitli v cukrárně a ládovali se zmrzlinovými poháry, jako by to bylo poslední jídlo před popravou. A Bill o tomhle výstřelku mluvil týdny.

Nechci z toho dělat vědu, ale považte, jaké možnosti měla naše rodina ve výběru posledního velkolepého zážitku ve Spojených státech před odjezdem za moře, který nám možná na dlouho znemožní vrátit se do rodné země. Některý otec by vzal rodinu třeba k Soše svobody nebo k Empire State Building. Možná na představení na Brodwayi nebo do zábavního parku. Bill nás však vzal na naprosto neočekávané zmrzlinové orgie.

Nemyslím si, že tato příhoda zapříčinila moje pozdější problematické stravovací návyky, které se u mě později vyvinuly, ale je symbolická pro postoj k jídlu, který tolik vypovídá o mém smýšlení. Stále si mnohem víc pamatuji na úzkost z tohoto povyražení než na radost. Mé pocity mi říkaly: Dej si, dokud můžeš, a čím víc tím lépe, zvlášť když nevíme, jak dlouho se bez téhle dobroty budeme muset obejít. Ohlížím se zpět a vidím sebe samu, jak se cpu zmrzlinou, a vím, že jsem přesně pochopila, co z toho vyplývá: Můžeš si tuhle rozkoš dennodenně odpírat – říkat si ne, hlídat se, odolávat pokušení –, ale bez ohledu na to, jak dlouho bez ní vydržíš, je to to, co opravdu chceš. A aby ses odměnila, utěšila či dokázala překonat období, kdy víš, že se bez takových dobrot budeš muset obejít, můžeš si dopřát jeden nekontrolovaný výstřelek.

Na prudký závan horkého vlhkého vzduchu, když jsme vkročili na přistávací dráhu v Dhahranu, mě nikdo nepřipravil. Každý mi sice říkal, že tam bude jako v sauně. Slyšela jsem, že tam bude horko, ale tohle bylo příšerné. Zpočátku se nám obtížně dýchalo. I zem byla horká jako plát na kamnech. Nejpodivnější však bylo to, jak se na mě Arabové téměř od chvíle, co jsem vystoupila z letadla, dívali. Byla jsem podsaditá, rozpustilá holka s vlasy jako koudel a světlou pokožkou. Vlastně jsem nikdy nepřemýšlela o tom, jak vypadám, ale teď jsem na to najednou nemohla nemyslet. Místní lidé neměli tušení, že někdo jako já existuje, a já si připadala jako hlavní atrakce v zoo. Civěli na mě, šťouchali do mě a šeptali si o mně. Zdálo se, že nejvíc ze všeho je provokují moje blonďaté vlasy. (Celou dobu, co jsme pobývali v Saúdské Arábii, nám lidé nabízeli absurdní sumy peněz za pár pramínků mých vlasů.)

Jejich pozornost mě dočista znervóznila, ale teď ji chápu. Byla to země, kde ženy chodily zahalené, zacházelo se s nimi jako s podřadnými bytostmi a najednou jsem tu byla já, vykračovala jsem si po letišti a všem místním jsem připadala jako chlapec. Byla jsem zkroušená, jim jsem se však musela zdát na děvče nestydatě troufalá. Není divu, že si se mnou nevěděli rady. Ještě donedávna jsem to nevěděla ani já sama.

Na tomto místě chci prohlásit, že jsem Saúdskou Arábii zbožňovala. Ano, existovaly tu určité kulturní zvláštnosti, s nimiž jsem se musela vypořádat, ale bylo báječné uletět od obyčejného života na předměstí New Yorku a přemístit se do tohoto exotického kraje uprostřed pouště. Byl to dar, že jsem mohla vyrůstat v tak dramatických kontrastech. Komplex obytných budov, kde jsme bydleli, navíc skýtal spoustu zábavy: Byl tu plavecký bazén a rozlehlá pustina přecházející v písečné duny, kde děti mohly tropit spoustu rošťáren. Potíže, které se u mě objevily při dospívání, neměly nic společného se změnou prostředí, ale s mým postavením doma, jak vysvětlím později.

Navzdory pocitům zmatku jsem si ihned našla kamarády. V tak malé komunitě to udělal každý. Přibližně v této době jsem začala sportovat: plavat, hrát kopanou, košíkovou, odbíjenou a věnovat se lehké atletice. Ukázalo se, že jsem dobrá sportovkyně – silná a rostlá pro jakýkoli sport. Moje váha, s níž si rodiče dělali takové starosti, spočívala v dobře vyvinutých svalech a projevovala se houževnatostí. Byla jsem mohutnější než ostatní děti, obzvlášť děvčata, ale nebyl na mně ani ždibec tuku. Bill to však takhle neviděl.

Ačkoli jsme doufali, že změna prostředí Billa nějak změní, po přestěhování do Dhahranu začal být nadváhou ještě posedlejší. Nejprotivnější na jeho posedlosti bylo to, že ji začal přenášet i na mou matku a na mě. Nedokázal dělat nic se svou vlastní váhou, tak se pustil do kontrolování té naší.

Moje matka sama trpěla nejistotou ohledně své postavy (když mi bylo devět či deset, ukázala mi své fotky z mládí a svěřila se mi, že vážila asi pětasedmdesát kilo a připadala si hrozně), takže kolektivní přístup přivítala, ale mně se to nezamlouvalo ani trochu. Bill nás nutil pravidelně se vážit, někdy i denně. S téměř absurdní pozorností dohlížel na to, co jíme. Jako by se vydal na osobní tažení s cílem zbavit svět tuku, a začal u sebe doma. Zpočátku byl jeho vliv na mě v tomto směru nepatrný, ale začal se stupňovat a trval každičkou chvíli, co jsem byla vzhůru. Celý můj vztah k Billovi a nakonec i k matce se točil kolem jídla a váhy. Tyto dvě věci byly pro mě zásadní. Byly zásadní pro nás všechny. Stalo se z toho soutěžení. Na ničem jiném nezáleželo. Mí rodiče vyzkoušeli všechny dostupné odtučňovací kúry: Weight Watchers, vejce a grapefruit, samé bílkoviny/žádné uhlovodany. Bill věšel po zdech tabulky a sledoval naši váhu.

Bylo to hrozné, ale netušila jsem, že by to mohlo být jinak. Tedy věděla jsem od svých kamarádů, že existují způsoby přístupu k jídlu, které mi připadaly mnohem méně tíživé, ale já jsem zkrátka nevěděla, jak by to mohlo fungovat u *nás* doma. Tak to prostě v naší rodině chodilo a tak to také bude navždycky. Všude kolem mě děti jedly bonbony a zmrzlinu, a když jsem přišla k nim domů, nikdy jsem nepochopila, proč to všechno nesnědí najednou. Byla jsem už nakažená jídelní horečkou, myšlenkou „jez dokud můžeš", která vykrystalizovala v onu chvíli v cukrárně při cestě na letiště.

Brzy se nám Billova posedlost jídlem začala plést i do prázdnin. Celá rodina s ním cestovala na Duke University (až do Severní Karolíny) na speciální odtučňovací kúru. Zamyslete se nad tím: učitel hudby na střední škole s průměrným platem vláčí svou ženu a tři děti přes půl zeměkoule jen proto, aby mohli strávit dva úžasné týdny zdoláváním své nadváhy. Všichni jsme bydleli v zařízení pro pacienty a jejich rodiny. Zatímco se Bill účastnil svých seminářů a vyšetření, nám nezbývalo než navštěvovat místní nákupní středisko. Povedené prázdniny.

Teď si uvědomuji, že tady mě zasvětili do systému úmyslného hubnutí. Doma mě sice učili nepřibírat na váze, ale nikdy mi vlastně neřekli, jak se to dělá. Na kúře jsem se začala seznamovat s novými metodami, i když to, co jsem pochytila, nebylo zrovna příliš konstruktivní. Obecně se tenkrát doporučovalo přesné sčítání kalorií, náhrada cukru sacharinem, másla margarínem, normální majonézy dietní. Po těchto „prázdninách" se to všechno stalo součástí našeho života. Strašná životospráva pro malou holku! Zasvětili mě do všeho tak brzy, že mi to připadalo úplně normální. Ale kolik dětí si váží jídlo předtím, než ho sní? Které dítě si raději odepře Coca-Colu? Ovšem já ano. Nedokázala jsem myslet na jídlo, aniž jsem uvážila i jeho hodnotu v kaloriích.

Neučili mě myslet na jídlo jako na potravu, jako na něco, co potřebuji, abych se udržela na nohou. U nás doma bylo jídlo zakázaným požitkem, hanebnou rozkoší, něčím, co si člověk může užít jedině se strachem z odplaty. My jsme nejedli, abychom žili, my jsme žili, abychom jedli. V tom je nebezpečný rozdíl. Nezáleželo na tom, že jsem potřebovala doplnit kalorie, které jsem spálila celodenním běháním na horkém slunci. Co na tom, že jsem měla hlad, že jsem byla statné děvče se zdravou chutí k jídlu. Význam mělo jen to, že jsme měly sklon k tloustnutí – toto byla informace, kterou mi vtloukali do hlavy – a musely jsme si dávat pozor na to, co jíme, nebo riskovat otčímův hněv, až přijde čas stoupnout si na váhu.

Tedy nejsem si jistá, že odtučňovací kúra na Duke University znamenala pro Billa vůbec nějaký viditelný přínos, ale myslím, že tu načerpal pár zásad, z nichž jedna tvořila základ stěžejního okamžiku mého mládí. Jednou odpoledne vzal Bill černý fix a řekl mi, že mi chce něco ukázat. Pak začal označovat na mém těle partie, jež považoval za zóny potenciálního ukládání tuku. Nevysvětlil mi tak docela, co dělá nebo kde k té myšlence přišel, prostě mě vzal do náručí, zamumlal něco o tom, že mi pomůže poznat má „problematická místa", a začal mi čmárat po kůži.

Bylo mi asi dvanáct. Byla jsem vysoká a statná, ale rozhodně ne obézní. Začínala jsem však nad svým vzhledem – nejspíš kvůli všem záporným reakcím, kterých se mi doma dostávalo –, pociťovat rozpaky. Ve chvílích, jako byla tato, se nedalo nic dělat. Bill mi poskytl neurčité vysvětlení způsobu, jakým mi chce ukázat některé oblasti na mém těle, na něž je třeba se zaměřit, místa, která by mě měla začít znepokojovat, místa, o něž se on s matkou už zajímali. Říkal, že je to pro mé dobro.

Měla jsem na sobě spodní prádlo. Otčím mi nakreslil kruhy na vnější straně stehen, na bocích a na pažích. Když se dostal k břichu, ztuhla jsem. Už dříve jsem se ze studia léčebných masáží dozvěděla, že břicho je střed každého člověka a pravděpodobně jedna z nejcitlivějších a nejintimnějších částí těla. Není to ani tak záležitost sexuální jako spíše psychická. Většina kvalifikovaných masérů a reflexologů se bez rozmýšlení zabývá vašima nohama, pažemi, zády, ale než se začnou věnovat vašemu břichu, požádají vás o dovolení. V některých státech je podobná žádost nutná. Pacienti tento úkon často odmítají, vadí jim pustit si cizího člověka tak blízko k tělu. Bill se mě samozřejmě nezeptal a já si vzpomínám, jak mě napadlo, že na takových velice důvěrných dotecích není něco v pořádku. Byla to invaze do mého soukromí a já jsem v duchu unikla. Stála jsem tam a myslela si: *Tak do toho, ukaž mi, co mi musíš ukázat, ale já tu nejsem.* A nebyla jsem tam.

Když jsem to přečkala, rozplakala jsem se, doklopýtala jsem do koupelny a snažila se ty čáry ze svého těla vydrhnout, ale nešlo to dolů. Pobyla jsem tam hodně dlouho. Je to divné, ale vůbec si nevzpomínám, kde právě v tu chvíli byla moje matka. Byla doma? Věděla vůbec, co se děje? Dávala jsem jí stejnou vinu jako Billovi, protože se mě nepřišla zastat. Jestli tam byla, musela to vědět, ale nikdy jsme o tom nemluvily, ani tehdy, ani jindy. V koupelně jsem se cítila nevýslovně osamělá – zneuctěná a ponížená – a nepřála jsem si nic víc než se schovat v matčině velké vřelé náruči.

Byla jsem na to však sama, a když jsem si konečně myslela, že jsem většinu čar vydrhla, oblékla jsem si plavky. Potřebovala jsem jít ven, pustit tu nepříjemnost z hlavy. Byl jasný, horký den a všechny děti si hrály venku u bazénu, ale když jsem tam došla, jeden kluk na mě ukázal a rozesmál se. Za chvilku na mě ukazovali a smáli se všichni. Neměla jsem ponětí, co je na mně tak legrační, a tak jsem se smála s nimi. Pak jsem se ale na sebe podívala a v ostrém slunečním světle spatřila černé čáry.

Rozběhla jsem se zpátky domů a dala se do pláče.

Nikdy jsem na ten zážitek nezapomněla a doufám, že nezapomenu, neboť jedině podobné zážitky nám pomáhají růst a jít dál. Věřím, že musíme stavět na svých bolestných vzpomínkách z dětství, snažit se je pochopit a vzít si z nich ponaučení, jinak ustrneme. Bill nepochybně vůbec netušil, jak mi svým černým fixem ublížil. Určitě si myslel, že mi pomáhá. A jsem přesvědčená, že to, co dělal, jemu jistým způsobem prospělo. Kárat tedy toho muže za jeho necitelnost mi při zdravém pohledu na věc připadá nepodstatné.

Podstatné je, že se to stalo. Na tom se nedá nic změnit. Dokonce i kdyby k tomuto zvláštnímu incidentu nedošlo, Billův negativní postoj k mé postavě by se jasně a zřetelně projevil tak jako tak. Byla to jen jedna příhoda z mnoha, které tvořily základ jeho pohledu na mě, ale právě ta ve mně přetrvává jako jakýsi prubířský kámen, jako zřejmý protiklad toho, jak jsem žila, k tomu, jak se snažím žít nyní. Tato příhoda symbolizovala Billův negativní postoj k mé postavě, zatímco zmrzlinové orgie u Carvela symbolizovaly jeho postoj k jídlu. Oba tyto postoje jsem bohužel postupně přejala a vnitřně se s nimi ztotožnila do té míry, že jsem k jejich projevování už Billa ani nepotřebovala. Cítila jsem je až příliš silně a opravdově sama.

Zamyšlení

Takhle to bylo se mnou, ale všechny máme své vlastní příběhy, své vlastní zlomové okamžiky, své body zvratu. Vraťte se ve vzpomínkách ke svému vlastnímu mládí, do doby, kdy jste začaly přijímat první signály, že se necítíte dobře, že vaše tvary nejsou správné, že by všechno bylo mnohem lepší, kdybyste zhubly o x kilo.

Myslím, že u každé z nás existuje určitá hranice, určitý okamžik, kdy jsme svou kladnou či snad neutrální představu o sobě vyměnily za zápornou. U mě splývá s příchodem mého otčíma. U vás to může být první posměšek ve škole nebo bezcitná či dobře míněná poznámka někoho úplně cizího.

Záměrem není činit komukoli výčitky, ale přesně zjistit okamžik, kdy jste se začaly cítit hůř, protože jste byly nuceny si uvědomit, že je vás trochu víc, než by vás asi mělo být. To je vše. Je to jednoduchý, leč nezbytný postup. Potřebujeme onen moment znovu objevit, napravit a obrátit. Jaké ve vás vzbuzoval pocity? Jak poznamenal způsob, jakým jste čelily každému novému dni? Jak změnil vaši představu o sobě, kterou jste nosily v hlavě, či o obrazu, jenž na vás hleděl ze zrcadla? Jak ovlivnil váš postoj k jídlu?

Pomyslete zpětně na dobu předtím, než vůbec někdo vyslovil nějaký negativní názor na vaše tělo. Těšily jste se z onoho idylického času téměř čiré radosti jako já v raném dětství, když jsem žila sama se svou matkou? Podaří-li se vám to, dokážete si vzpomenout na dobu, kdy jste cítily, že jste skutečně přijímány takové, jaké jste. Vyhledejte ony chvíle a vychutnejte si je. Pak se zaměřte na to, jak jste samy sebe viděly. „Nazujte se do starých bot“ a zjistěte, jestli vám pořád padnou.

V dokonalém světě by žádnou z nás nikdo neposuzoval podle toho, jak vypadáme, ale tohle není dokonalý svět a my se s tím musíme smířit. Váha a vzhled *jsou* důležité, ale nejsou vším. Záleží pouze na způsobu, jak vidíme samy sebe, jak se cítíme, jak se jevíme, když jdeme mezi lidi. Příliš často poměřujeme své štěstí počtem kil, které nás dělí od nějakého ideálu štíhlosti – ideálu, který pro náš tělesný typ možná vůbec není vhodný. Toto je klíčový bod. Všechny se rodíme s jasně vymezenou stavbou kostry (slabou, střední, silnou) a určitým tělesným typem (ektomorfním, mezomorfním a endomorfním). V rámci těchto permutací a kombinací se nachází naše postava v dospělosti. A je-li jednou dotvořena, nedá se změnit: osoba se silnou kostrou se nikdy nestane osobou se slabou kostrou, kostnatý ektomorfik si nikdy nevytvoří svalovou hmotu tak snadno jako svalnatý mezomorfik a tak dále.

Pro ty, kteří potřebují krátkou definici: člověk s ektomorfní postavou je od přírody vysoký a kostnatý. Ektomorfik obtížně přibírá na váze a vytváří či udržuje svalovou hmotu. Ektomorfikové mají sklon být poměrně hubení, někteří jsou drobní, všichni vypadají, že jsou samá kost a žádné maso. Většina elitních běžců na dlouhých tratích jsou ektomorfikové se slabou kostrou. Někteří profesionální basketbaloví hráči jsou ektomorfikové se silnou kostrou.

Ektomorfní se samozřejmě zdají být i topmodelky jako Nadja Auermannová. Zdůrazňuji, že se k tomuto typu hodí pouze „zdánlivě", neboť spousta manekýn, které znám, zažívá hotové peklo, aby zůstaly superštíhlé, jelikož nepochybně patří k jinému tělesnému typu. Setkávám se s tím stále. Když tyto ženy skončí se svou profesí a přestanou si udržovat váhu, okamžitě přiberou pět až deset kilo, protože to jejich tělo potřebuje. Téměř přes noc se uchýlí ke svému mezomorfnímu typu a s váhovým přírůstkem vypadají zdravě.

Mezomorfik je ten, kdo je od přírody svalnatější a má sklon přibírat na váze a vytvářet svalovou hmotu mnohem snadněji než ektomorfik. Skvělým příkladem mezomorfika se středně silnou kostrou je Madonna. Na téhle ženě v žádném případě moc masa není. Může si vypěstovat neuvěřitelně výrazné svalstvo, ale její tělo nenabude na váze přespříliš. A pokud ano, dokáže to shodit a už nepřibere. Podobně jsou na tom i mnohé broadwayské tanečnice: jsou schopny si vytvořit svalovou hmotu a zesílit v rámci svého typu, aniž přiberou na váze. Mezomorfní je například modelka propagující sportovní oblečení Gabrielle Reeseová. Boxeři, vzpěrači a kulturisti obvykle představují krajní meze tohoto typu. Já sama se hodím někam doprostřed: když nežiji v rovnováze, rychle přibírám na váze a tloustnu, když jsem ale pořád v pohybu a řádně se stravuji, dokážu svou váhu udržet na stejné hodnotě.

Na druhé straně škály naklánějí váhy endomorfikové. Ti přibírají na váze a vytvářejí tukovou tkáň opravdu snadno, zvláště když pravidelně necvičí. Endomorfik byl například John Candy, který nedokázal svou váhu zvládnout. Roseanne z populárního seriálu je také endomorfik. Ta sice úspěšně něco shodila, ale musela na tom tvrdě zapracovat. Obránci amerických fotbalových mužstev se všichni pyšní svým endomorfismem. Dokonce i Marylin Monroeová měla sklon k endomorfismu. Většina lidí na to pozapomněla. Při své výšce měla velikost osmačtyřicet a k tomu plné, zaoblené boky a korpulentní pozadí. Se svou váhou bojovala celý život. Být endomorfik neznamená, že si člověk nedokáže vytvořit svalovou hmotu rozhodující pro zvýšení metabolismu – dokáže! Jen ho to bude stát nějaké úsilí navíc.

Pro mě z toho vyplývá, že mě žádná dieta ani cvičení nikdy nepřemění z mezomorfika s mírnými endomorfními sklony na křehkou ektomorfní modelku z reklamy na džínsy. Jsem taková, jaká jsem, a taková budu už vždycky. Mohu docela snadno přibrat na váze a obalit se tukem, ale mohu také jít do tělocvičny a proměnit svou postavu ve skutečně pevné tělo. Co udělat nemohu, je silou vůle či hladověním se natěsnat do kalhot velikosti třicet osm. Vždycky budu mít velikost čtyřicet šest až čtyřicet osm. Nemohu změnit to, co se změnit nedá.

Jedna věc je ovšem pochopit tento názor čistě teoreticky, a docela jiná vzít si ho k srdci. Já jsem k němu dospěla pozdě. V Saúdské Arábii jsem jako teenager často záviděla svým kamarádkám. Ve způsobu jejich vystupování bylo cosi nenuceného, přirozeného. Zdálo se, že si nedělají starosti s tím, jak vypadají: prostě... vypadaly. Nedokázala jsem si představit, že si tyhle dívky lámou hlavu tím, co jíst, co si obléknout anebo co říci. Já jsem se však trápila neustále. Pocházela jsem z prostředí, kde mě posuzovali podle toho, kolik vážím, a kritizovali i za ten nejmenší prohřešek, proto pro mě byla představa opravdově sebejistého chování příliš neuvěřitelná. Šla jsem světem se širokým úsměvem na rtech vyzařujícím, jak jsem doufala, sebedůvěru, avšak uvnitř jsem byla sama sebou nesmírně nejistá. Snažila jsem se klamat sebe i celý svět.

Když jsem to konečně pochopila, bylo to bolestné poznání, jednou tím však musíme projít všechny. Toto ponaučení vozím s sebou, když přednáším na školách po celé zemi. Říkám dětem, že jediný způsob, jak udělat se svým tělem, co se dá, je porozumět mu a pracovat s ním v rámci parametrů svého tělesného typu. Poznat, co je možné, a co ne. Vědět, kde začít a co očekávat.

Myslete si, že jste balonek, říkávám. Balonky bývají všech možných tvarů a velikostí – klasické kulaté, oválné, ve tvaru hada, z nichž se dají vytvořit různá zvířátka. Žádné množství vzduchu nenafoukne hadovitý balonek do tvaru kulatého. Fouknete do něj příliš mnoho vzduchu a balonek praskne. A když ho zas nenafouknete dost, balonek bude vypadat splaskle, nenabude požadovaného tvaru.

Nenavrhuji, abychom se bezvýhradně přijímali přesně takoví, jací jsme. Opravdová krása není monolitní. Je všeobsažná a vděčná za rozmanitost a vyrovnanost. Já zkrátka odmítám klást důraz na váhu a velikost. Žijeme ve společnosti, která váhu a tvar postavy posuzuje z čistě kosmetického hlediska, já se však snažím myslet na své tělo z hlediska zdravotního. Nepočítám kalorie, ale starám se o to, abych konzumovala správnou směs vitaminů a živin a tím tělu zajistila výživu, jakou potřebuje. Jídlo posuzuji podle toho, jak se po něm v průběhu daného dne budu cítit.

Chápu, jak rodiče asi moje statná postava znepokojovala, ale mnoho dětí je prostě větších než jejich vrstevníci. Nemohu však pochopit způsob, jak na tyto obavy reagovali. Neexistuje rozumný důvod, proč učit dítě, aby o sobě mělo horší mínění jen proto, že vrhá větší stín než ostatní děti v jeho věku. Až já budu mít děti, vyhlásím u nás doma moratorium na slovo *tlustý*. Jednoduše nebude patřit do našeho každodenního života bez ohledu na to, jak budeme vypadat. U nás se bude klást důraz na zdraví. Budu usilovat o to, abych hlavinku své holčičky nezatěžovala představami, že její postava má co dělat s jejím postavením, budu ji povzbuzovat, aby byla taková, jaká chce být, a byla tím, čím chce být, ať je to co je to.

K jakému tělesnému typu patříte vy? Jste ektomorfní? Mezomorfní? Endomorfní? Nebo snad něco mezi tím? Jste-li náhodou mezomorfik s endomorfními sklony, či jste-li skutečný endomorfik, neznamená to, že musíte být obézní. Znamená to nejpravděpodobněji, že jste statné – jako já! – a samozřejmě statnější než obecně uznávaný ideál.

Doporučuji vám, abyste tento „ideál" odmítaly. O takový vzhled byste se neměly snažit. Kdybyste měly rezavé vlasy a pihy, věděly byste, že by bylo absurdní usilovat o exotický asijský zjev. Nuže, pro ženu s naším tělesným typem je právě tak absurdní prahnout po typu, který nám a priori není určen. Zjistěte tedy svůj tělesný typ a pak se zaměřte na dosažení přiměřeného ideálu, chcete-li se vůbec na něco zaměřovat. Můžete začít tím, že si položíte několik otázek:

Slouží mi moje tělo dobře? Snažím se z toho, co mám, vytěžit co nejvíc? Jak se *cítím*? Jsem pohyblivá? Pomáhá mi moje tělo dosáhnout všeho, čeho si přeji dosáhnout? Anebo mi je na překážku a každá námaha mě unaví a vyčerpá?

Pro začátek je skutečným klíčem znalost a pochopení svého tělesného typu. Teprve pak se můžete začít vracet k rozpoložení mysli, jaké jste měly jako dítě, když jste samy sebe přijímaly takové, jaké jste byly – nejspíš aniž jste o tom přemýšlely.

3

Odchod z domova

Rozhodně jsem nebyla připravená na to, co se stalo pak. Naši lékaři našli matce při běžném vyšetření nádor na plicích. (Během našeho pobytu v Arábii jsme se museli nechat jednou ročně rentgenovat kvůli tuberkulóze.) Když na to přišli, rakovina už byla rozšířená do té míry, že zbývala jen malá naděje.

Byla to zničující zpráva. Matce bylo pouhých třicet osm let a mně patnáct. Neexistuje dospívající dívka, která nepotřebuje matku, ale já jsem cítila, že tu svou potřebuji víc než většina ostatních. Život bez ní jsem si nedokázala představit. Byla bych dočista ztracená a osamělá.

Tu noc předtím, než mi pověděli, že je moje matka nemocná, jsem měla podivně povzbuzující sen. Víc než cokoli jiného mi pomohl se s tím vyrovnat. Nikdy, ani předtím, ani potom, jsem žádný podobný sen neměla. Zůstala jsem přes noc u kamarádky a zdálo se mi, že vidím nebe. Všechno to bylo velice nadpozemské a mlhavé, ale bylo zjevné, že se nacházím v přítomnosti obrovské lásky a porozumění. Byla jsem návštěvník a neměla jsem tam zůstat, ale pociťovala jsem klid, bezpečí a vnitřní sílu. Pamatuji si svou nechuť odejít, ale bylo mi řečeno, že nenastal můj čas. Byl to velmi duchovní sen, a ač jsem se uprostřed noci probudila, nebyla jsem vystrašená ani zmatená. Sen sám o sobě byl možná nejasný, ale to, co mi měl sdělit, se zdálo úžasně srozumitelné. Čím víc jsem o tom přemýšlela, tím jsem se cítila silnější a tím hlouběji jsem věřila, že tato síla bude mít nějaký účel. Když mi druhý den matka pověděla tu špatnou zprávu, přijala jsem ji mnohem klidněji, než bych to dokázala předtím.

Bill se rozhodl, že přestoupí do pobočky naftařské společnosti v Houstonu, aby maminka mohla bydlet ve městě, kde se jí dostane nejlepší lékařské péče, a rodina se začala připravovat na nadcházející tíživou situaci. Já už jsem si podala žádost o přijetí na několik amerických soukromých středních škol (v komplexu Aramco žádná střední škola nebyla). Delší dobu jsme totiž plánovali, že budu navštěvovat nějakou soukromou internátní školu ve Státech.

Nemohu teď odejít z domova, přemýšlela jsem, nejde to, když je matka tolik nemocná. Bill ztrácí už tak malou trpělivost a bratr s malou sestřičkou se o sebe nedokážou postarat. Matka však byla neústupná: věděla, jak moc se těším, až odejdu, a umínila si, že její nemoc ovlivní život jejích dětí co možná nejméně. Samozřejmě nás nemohla uchránit úplně, ale chtěla se snažit, dokud to půjde. A tak jsem na matčino naléhání a po pravdě řečeno s určitým ulehčením odjela do školy v Kentu v Connecticutu.

Odchod do školy byl dokonce víc osvobozující, než jsem si myslela. Ocitla jsem se sama v naprosto novém prostředí. Nejlepší na tom bylo, že jsem unikla Billovým zásadám, což se skutečně nedalo pominout. U nás doma se na jídlo zaměřovalo tolik úzkostné pozornosti a podléhalo tolika pravidlům, že jsem vůbec nebyla připravená na lhostejný nadbytek jídel ve školní jídelně. Stravovali jsme se internátním způsobem z obrovských talířů, které před nás postavili. Doma jsme jen zřídka odložili maminčinu kuchařku od Weight Watchers. Vařilo se pouze zdravě a porce se pečlivě odměřovaly. Na Kentu jsme dostávali úžasné hromady brambor, talíře plné masa a sýrů, bezedné tácy se zákusky. Ten kontrast byl alarmující.

Mohla jsem ke každému jídlu přistupovat jako k oné poslední šanci dát si zmrzlinový pohár u Carvela. Ale nedělala jsem to. Ačkoli u mého talíře nikdo nestál, aby mi vážil jídlo a bránil mi sníst víc než předem určené množství, rychle jsem pochytila výroky o jídle od ostatních děvčat z naší třídy. Slýchala jsem, jak říkají: „Dneska večer si nic nedám," „Musím shodit pár kilo," „Tenhle víkend jedu za svým klukem, tak budu pít jenom džus." Džus? Když je všude kolem tolik dobrot? Co to s těmi lidmi je? Nechápala jsem to. Když jsem však ty dívky pár týdnů pozorovala, jak se ovládají, měla jsem nad svou štědrou porcí, po níž jsem doslova prahla, nepříjemný pocit. Domnívám se, že právě tady se můj vztah k jídlu začal měnit. Lépe řečeno, právě tady se začal můj vztah k jídlu doopravdy vytvářet. Byla jsem odkázaná sama na sebe a pěstovala jsem si stravovací návyky, které se točily kolem toho, jestli se vejdu do džínsů (když jsme si svlékli školní uniformy), kolem emocionálního přejídání před odjezdem domů na prázdniny, kolem toho, zda tloustnu či hubnu, zda se cítím osaměle či deprimovaně. Jídlo pro mě znamenalo víc než pouhou potravu, a zároveň méně. Přecházela jsem stále z období přejídání do období „velikého sebeovládání" a jedinou konstantou byla má nejistota. Většinou jsem jedla, co jsem chtěla, a pak ještě kousek navíc. Přece jsem si to zasloužila. Když jsem se snažila omezit v jídle, přehrávala se mi v hlavě páska. „To jídlo je tu pro mě a nikdo mi neřekne dost." „Je to tak dobré, dám si ještě trochu." Kdykoliv jsem si „dopřála" a pak se ocitla na pokoji, v hlavě se mi přehrávala jiná páska. Káravý hlas mě huboval za mou slabost. Byly doby, kdy jsem se vyhýbala jídlu úplně, abych si předvedla, že to dokážu… že jsem dobrá. Dostala jsem ale vždycky takový hlad, že se celý cyklus opakoval. V té době jsem neměla žádné vodítko, jak se stravovat. Neměla jsem vžitou zásadu jíst, dokud se nenasytím, a pak snědené v klidu zažívat. Věděla jsem jedině, že chci ještě.

Teď vím, že i lidé, kteří nebyli vychováváni pod nezdravým vlivem někoho takového, jako je můj otčím, mají sklon převratně měnit životosprávu, když se začnou stravovat nebo kontrolovat své stravovací návyky sami. Je to velká zodpovědnost a musím přiznat, že jsem to moc nezvládla. Ve škole jsme se stravovali podomácku, což znamenalo, že se talíře s jídlem roznášely na stoly v jídelně a kuchyně skýtala neomezené množství přídavků. Spoustu jídel, která nám podávali, jsem z domova neznala, byla jsem tedy vytržena z přísného režimu, jemuž jsem uvykla. Dalším průvodním jevem stravování v jídelně je pravidelné měnění zasedacího pořádku, a tak jsem musela přihlížet tomu, jak jedí druzí. Bylo to různé. Některé dívky jedly jako já, což ve mně vzbuzovalo dobrý pocit, že nejsem jediná, kdo má „zdravou chuť k jídlu". Když o tom zpětně přemýšlím, měla jsem nejspíš pořád hlad proto, že jsem hodně sportovala. Pocit viny pramenil úplně z něčeho jiného. Souvisel s emocemi, které mi bránily kladně hodnotit svou statnou postavu či zdravou chuť k jídlu. Nacházela jsem se v období, kdy jsem se trápila hladovkou kvůli něčemu, co některé moje kamarádky pokládaly za dokonalou postavu, aniž jsem si uvědomila, jak je vzdálená dokonalé postavě vhodné pro mě.

Nevnímala jsem to. Viděla jsem jen shozená nebo přibraná kila, což se rovnalo úspěchu či nezdaru. Viděla jsem jen to, že nejsem jako jiné dívky, které se bez problému vzdávaly svých porcí jídla, protože „neměly hlad". Vždycky si uměly poručit. Taková sebekázeň! Zdálo se, že odolávají jídlu s ohromnou sebejistotou, o což já jsem se znovu a znovu pokoušela, ale nikdy neuspěla. Zanedlouho jsem si všimla, že zhubly a vychloubaly se tím. Lichotky se jen hrnuly. Uvědomila jsem si, že když také zhubnu, budou lichotit i mně, a to se mi líbilo. Za hladovění tedy mohl být člověk i pochválen. Pořád jsem přemýšlela o tom, že co dokážou ostatní dívky, dokážu taky. Zákusky vypadaly výtečně, ale já jsem se pyšnila tím, že jsem schopná jim odolat. Odmítnout koláč nebo večeři bylo vítězství, jenže pak jsem se vrátila na pokoj a skučela hlady. Nehledě na to, nakolik jsem se snažila při jídle ovládat, jedla jsem buď velice málo, nebo příliš mnoho. Ode zdi ke zdi, pořád dokola. Většinou jsem se večer v pokoji buď chválila za sebekázeň, anebo se plísnila za to, že jsem podlehla. Zaběhlo se to natolik, že se z toho na dlouhou dobu stal jediný způsob, jak jsem přistupovala k jídlu.

Šílené na tom bylo, že bez ohledu na to, kolik jídla jsem si odepřela, vždycky když jsem si stoupla u kamarádky na pokoji nebo v tělocvičně na váhu, zjistila jsem, že jsem neshodila ani deko. Ani jediné deko! Teď už jsem věděla jistě, že se mnou není něco v pořádku. Můj přístup k jídlu byl otřesný: Přes den jsem jedla velice málo a po nocích jsem se pak přejídala. Prosté a jednoduché. Moje tělo mě zrazovalo. Nebyla jsem však k sobě upřímná. V týdnu jsem v jídelně „moc" nejedla, ale večer na pokoji jsem byla tak vyhladovělá, že mě nedokázalo uspokojit žádné množství oříšků v čokoládě, sladkých tyčinek ani pizzy. Začala jsem kolísat mezi dvěma váhovými hranicemi. Přibrala jsem tři až čtyři kila (většinou díky svým nočním svačinkám), a pak se zas trápila hladem, abych dosáhla své původní váhy – přibližně třiasedmdesáti kil. Měla jsem už téměř svou nynější výšku, ale zvykla jsem si pokládat se za mladou dívku s problematickou váhou. Představte si to zdrcení, když jsem sestoupila z váhy se zjištěním, že jsem přibrala. Pamatuji si, že se mi zrychlil tep, udělalo se mi zle od žaludku a pak se mi v hlavě ozval káravý hlas: „Jsi nemožná, nedokážeš si ani udržet stálou váhu, co to s tebou je? Jestli si nedáš pozor, budeš tlustá!" Kdybych tak vážila sedmdesát! Jen o tři kila míň! Všechno by bylo jinak. Je těžké vymazat představu, kterou si udržujete celý život, byť víte, že může být falešná.

Zdálo se, že ostatní dívky nemají s udržováním postavy vůbec žádné těžkosti, zato já byla samý problém. Nedokázala jsem to zkrátka zvládnout. Moje sebedůvěra a sebeúcta byly stejně proměnlivé jako můj stravovací režim. Jednu chvíli jsem cítila, *že jsem nejlepší.* Pak jsem zas mívala pocit, *že nejsem dost dobrá. Že to zvládnu, že nevím, co dělat. Že jsem štíhlá, že jsem tlustá. Že bude všechno fajn, že už nic nebude dobré.* Ve škole se na mě podíval nějaký kluk a moje sebevědomí závratně vzrostlo, ale pak jsem prošla kolem zrcadla nebo si stoupla na váhu a rázem opět kleslo. (To je další věc: I *bez* Billova nátlaku jsem si na vážení zvykla natolik, že jsem se vlastně kvůli němu hlídala sama.)

Přistihla jsem se, že se velmi, velmi usilovně snažím zhubnout, a vzápětí si s tím nedělám žádné starosti. Jeden den to byla ta nejdůležitější věc na světě a další na tom vůbec nezáleželo. Jídlo přestávalo mít cokoli společného s výživou mého těla a začalo představovat trest či odměnu. Taková jsem předtím nikdy nebyla. Teď jsem jedla, protože jsem cítila vinu, ne protože jsem měla hlad. Hladověla jsem, protože hladověly ostatní dívky. Jedla jsem, protože jsem byla osamělá. Trápila jsem se hlady, protože jsem si nezasluhovala se najíst. Jedla jsem, protože jsem se cítila dobře, nebo protože jsem se cítila mizerně. A nejhorší ze všeho bylo, že jsem si vytvořila nepatřičnou spojitost mezi jídlem a odměnou či trestem, spojitost, jejíž zrušení mi zabralo spoustu času.

Byla jsem jedlík s nutkavou chutí k jídlu. Tehdy jsem o tom nevěděla, ale byla jsem učebnicový příklad a nejpodivnější bylo, že se to zdánlivě objevilo zčista jasna. Váhu jsem si sice hlídala od té doby, co se matka znovu provdala, a pravda, byla jsem poněkud statnější než většina mých vrstevnic, ale myslím si, že zmatek ve mně vyvolal až rozpor mezi přístupem k jídlu u nás doma a nenuceným způsobem stravování, jaký jsem si zavedla, když jsem se o sebe začala starat sama.

Matčina nemoc pochopitelně můj zmatek – ohledně jídla i všeho ostatního – jen zvyšovala. Byla jsem pryč z domova a zároveň jsem cítila, že bych jí měla být nablízku. Možná že se změnou mé chuti k jídlu měla co dělat i změna podnebí. Uplynulých sedm let jsem strávila v poušti, a předešlé léto v Houstonu i zima v Nové Anglii skutečně vyžadovaly trochu zvykání. I když připustíme, že neexistuje žádná obecně přijatá fyziologická souvislost mezi stravováním a podnebím, dává to smysl. Kdyby mi někdo naznačil *možnost*, že moje tělo potřebuje další vrstvu tuku neboli izolace proti chladnějšímu podnebí, i kdyby to byly jen babské povídačky, pochopila bych své nepředvídatelné stravovací návyky snadněji.

V šestnácti letech jsem nedokázala vidět v jídle nezbytnou potravu. U nás doma existovala jen správná jídla a špatná jídla. Správné dávky a špatné dávky. To, co jsem jedla, jsem posuzovala černobíle, šedá neexistovala. Jako většina děvčat jsem odešla do školy a trápila se kvůli „nováčkovské pětce" – přibližně pěti kilům navíc, které mnozí studenti přiberou za první rok mimo domov. Rodiče mě na to upozorňovali, ale jejich varování nemohlo konkurovat rozmanitosti jídel (správných *i* špatných) a svobodné volbě sníst, co chci a kdy chci.

Kdykoli jsem přijela domů, zůstávala středem zájmu mých rodičů moje váha. Vzdor všem jiným událostem – mému studiu, zdraví mé matky – jsme se k tomu stále vraceli. Dokonce i když jsem byla ve škole, dostávala jsem od rodičů jasné poselství. Bill obvykle končíval své dopisy: „A co váha? S láskou táta." (Po všechny ty roky si je schovávám, aby mi připomínaly, jak to tehdy bylo.) S telefonickými hovory to bylo stejné. Otčím i matka se vždycky nejdřív vyptávali na jídlo.

Moje emocionální stravovací porucha – tak se to skutečně dalo nazvat! – byla mnohem slabší než u většiny klinických případů, ale tehdy mi připadala větší, než dokážu sama zvládnout. Teď, když to mám za sebou, se stále snažím nalézt spojitost mezi tím, jak se cítím dnes, a tím, jak jsem se cítila jako děvče. Dnes si uvědomuji, že u mě nešlo *jenom* o jídlo. I moje vztahy k druhým lidem nepochybně souvisely s mým rozporuplným vztahem k jídlu.

Jak jsem vyrůstala, vídala jsem všude kolem sebe lidi, kteří navazovali vztahy tak, jak jsem to já neuměla. (Teď ve svém příběhu trochu předbíhám, mějte se mnou tedy trpělivost.) Nechápala jsem, jak na sebe lidé v dospělém vztahu vzájemně působí. Měla jsem spoustu dobrých příležitostných přátel, ale pouze jednu opravdu blízkou kamarádku. Když jsem začala chodit s chlapci, scházela jsem se většinou se silnými, pánovitými mladíky, kteří se podobali otčímovi víc, než bych v té době vůbec předpokládala. Mohl za to nezdravý přístup k vlastní osobě, čímž nemám na mysli pouze negativní pohled na své tělo, který jsem v sobě nosila od dob, kdy jsem bydlela doma. Bylo v tom něco víc. Kdykoli jsem se cítila ztracená, vykořeněná nebo jen chabě upoutaná ke své současné situaci, vypořádala jsem se s tím tak, jak jsem to dělávala jako dítě, zavřela jsem před světem oči, smířila se s danou situací a šla dál.

Víc a víc jsem zjišťovala, že nejsem schopná přiblížit se k druhým lidem. Toužila jsem po důvěrném vztahu, ale nevěděla jsem, jak a kde ho najít. Doma jsem ho samozřejmě nalézt nemohla. Tato touha prostoupila veškeré dění a já jsem si s ní neuměla poradit. Spoustu času jsem trávila sama. Představovala jsem si, že vzdálenost, kterou jsem kladla mezi sebe a ty druhé, má co dělat s tím, jak moje matka vždycky odcházela z domu s úsměvem na tváři bez ohledu na to, jaký smutek či nejistotu nosila v srdci. Jako dítě jsem to obdivovala, aniž jsem si uvědomovala, co ji to stojí. Vždycky *vypadala* šťastně, i když nebyla.

Když o tom přemýšlím, chápu, že se matka naučila nedávat

najevo skutečné emoce, aby zabránila nepříjemným situacím. Dá-li se to naučit, dá se to i odnaučit. Začala jsem myslet pragmaticky a porovnávat své současné zážitky s tím, co jsem si pamatovala z dětství. Ze začátku jsem měla pocit, že mi zbývá už jen brečet. Pod všemi svými ochrannými vrstvami jsem byla stále tím nespoutaným dítětem, ale nyní jsem konečně našla sebejistotu, která mi dovolovala objevovat to, co bylo velmi dlouho skryté.

V Kentu, poprvé pryč z domova, jsem se snažila najít způsob, jak se vypořádat s navazováním vztahů s chlapci a chozením na schůzky. Ve smíšené internátní škole se v té době většina mých kamarádek začínala vidět očima svých chlapců. Byla jsem zoufale zmatená. Měla jsem dost potíží s vytvořením (a uchováním si) pozitivní představy o sobě ve vlastní hlavě, natož abych se trápila hodnocením z pohledu nějakého hocha. Ale předstírala jsem jako všichni ostatní.

První opravdový polibek jsem dostala v Severní Karolíně při otčímově odtučňovací kúře a dokonce i tenhle okamžik byl poznamenán nejistotou. Seděli jsme v autě a onen polibek byl vlastně docela hezký – nepříliš dlouhý, nepříliš krátký –, ale až když mě ten chlapec doprovodil ke dveřím, uvědomila jsem si, že si svůj čin velmi pečlivě naplánoval. Byla jsem asi o patnáct centimetrů vyšší než on a nemohl mě tedy vůbec políbit, dokud jsme se neposadili. Když mě dovedl ke dveřím, ani se nepokusil o polibek na dobrou noc, z čehož jsem vyvodila, že jsem příliš vysoká na to, aby mu to stálo za námahu.

Na střední škole to nebylo lepší. Fyzicky jsem byla mnohem vyspělejší než většina zdejších chlapců. Byla jsem statná. Nemohla jsem se však ubránit pocitu, že se mnou není v pořádku něco, co mohu změnit. Zdálo se, že chlapci, kteří se mi líbili, letěli na dívky mnohem menší a drobnější. A chlapci, kteří o mě projevili zájem, mě vždycky při líbání vmanévrovali do nějaké výhodné pozice. Bylo by to zábavné, kdybych tam tak nečněla zrovna já. Nějakou dobu jsem se v Kentu stýkala s chlapcem, který zastínil mého přítele s polibkem v autě. Upadal do rozpaků, když jsem se k němu skláněla, abych ho políbila, a tak neustále vyhledával situace, kdy byl ve výhodě. Sedal si na plot a nutil mě, abych se k němu tiskla se zakloněnou hlavou, nebo se ke mně obracel na svahu kopce. Jak si vzpomínám, většinou jsme se objímali vsedě. Vlastně jsme o tom nikdy nemluvili, ale jeho snaha byla očividná a já byla rozpolcena myšlenkami na to, jak on je milý a já zoufalá. Začlenit tento činitel do už tak náročné rovnice bylo doopravdy víc, než většina teenagerů dokázala zvládnout, a já jsem si nepočínala zrovna nejlíp. Žádný div, že jsem někdy jedla, abych se utěšila. Potřebovala jsem nějakou hodně namáhavou pozitivní vzpruhu, něco, díky čemu bych se cítila zase dobře.

Zamyšlení

Záležitosti srdce zůstávají pro většinu lidí nejistou půdou. Klesá sebedůvěra. Lidé uvažují, zda jsou dost atraktivní, dost bystří, dost duchaplní. Z rozhovorů s přáteli vím, že randění - nenapadá mě lepší výraz - je krušná zkušenost i pro ty, kteří zjevně nemají důvod cítit úzkost: jsou krásní, inteligentní, štíhlí.

Když dojde na dostaveníčka a na sex, zůstává u žen výška problémem. U mě byla velikost faktem, s nímž jsem musela zápasit od prvního polibku. Je to skutečnost mého života: Byla jsem statnější než skoro každý kluk, s nímž jsem chodila. Teď jsem statnější než můj manžel.

Je určitě důležité připustit, že když dojde na důvěrnosti, může pro vás statná postava představovat citlivý bod. Pamatuji si, že když jsem se v době studia na univerzitě ocitla v poněkud intimnější situaci s novým přítelem, udělal bezprostřední poznámku o tom, že má strach, abych ho nerozmáčkla. Přestože vím, že to myslel z legrace, jeho poznámka mi utkvěla nadlouho v paměti a vězela tam i poté, co jsme se rozešli. Často jsem uvažovala o tom, jak se mnozí další chlapci ve skrytu duše strachují o totéž, ale jsou příliš zdvořilí, stydliví nebo citliví, aby mi něco takového řekli.

Nebyla bych zcela upřímná, kdybych tvrdila, že mě tenhle vtípek nemrzel. Mrzel. Důležité ovšem je, že jsem se tím nenechala znechutit. Odmítla jsem se tím zaobírat. A připomínala jsem si, co jsem poznala z řečí svých kamarádek: Všechny z nás se trápí kvůli svým nedostatkům – skutečným či domnělým – zvláště když dojde na vztahy s chlapci. Být vysoká a statná je zkrátka náhodou můj osobní středobod zájmu. Mám přítelkyně, pro něž toto problém není, ale trápí se jinými, stejně nepříjemnými starostmi. Jedna moje kamarádka má malá ňadra. Pořád se v duchu strachuje, jaký šok způsobí její nedostatečné vnady, až se svlékne. Právě ve chvíli, kdy má dojít k největšímu sblížení, pociťuje nejmenší sebedůvěru. Zaplaví ji vlna paniky a ona se musí vědomě uklidňovat hlubokým nádechem. Jiná přítelkyně je zoufalá ze svých silných stehen. Někdo jiný se možná trápí proto, že je příliš malý či příliš hubený.

Když dochází k fyzickému sblížení, podle mého názoru každého něco znepokojuje. Pro vás to může být vaše statná postava. Pokud ano, zkuste si připomenout, že kdyby to nebylo tohle, mohlo by to být něco jiného. A také byste si měly připomenout, že když se s nějakým chlapcem seznámíte blíže, vaše postava ho přece nemůže vůbec překvapit! Pomyslete také na to, že vaše ženské křivky jsou možná součástí vaší přitažlivosti. Mnoho mužů dává přednost právě ženám plnějších tvarů před oním módním typem postavy propagovaným v médiích.

Neradím vám, abyste si kvůli statné postavě intimní vztahy odpíraly. Je na vás, jak se s tím vypořádáte. Pro někoho je možná snazší ponechat rozdíl ve výšce bez komentáře a počítat s tím, že se situace mlčky vyřeší jako při mé první schůzce. Můj chlapec citlivě řídil naše romantické chvíle tak, že výška nebyla na obtíž. Líbali jsme se pouze vsedě, nikdy jsme při tom nestáli. Jiným spíše vyhovuje přímočařejší přístup. V takovém případě vždycky pomáhá humor. A někdy si můžete schůzku zpříjemnit tím, že si tento problém vyjasníte už na úplném začátku.

Nejspíš přijdete na to, že jeden postup funguje v určitou chvíli, zatímco v jiné situaci či s jiným chlapcem se nabízí jiný přístup. A v každé situaci je třeba se rozhodnout, co vyhovuje vám. Přemýšlejte tedy o tom, jak se přizpůsobit. Přemýšlejte o pokusech změnit taktiku. A zapamatujte si: Být silnější než preferovaný „ideál" není důvod k nízkému sebevědomí a nejistotě. Z rozhovorů s ostatními vím, že zatímco detaily se mohou člověk od člověka lišit, negativní pocity jsou naprosto stejné. Skutečným problémem je totiž zápas s nízkým sebevědomím a nejistotou. Naše postava je pouze zdrojem pochybností o vlastní osobě, které naše záporné já může využít k tomu, aby nahlodalo naši sebedůvěru. Nedovolte, aby se to stalo! Když vám vaše záporné já něco našeptává, odporujte mu!

„Na tom, co se vám přihodí, nezáleží," řekla jednou Rose Kennedyová. „Záleží na tom, jak se s tím vypořádáte." Vezmu-li si z ní příklad, pak tvrdím, že nezáleží na vaší výšce a váze, ale na tom, jak se s nimi vypořádáte. Klíčový je postoj. A postoj není něco, co je stanoveno od narození jako barva očí. Postoj je něco, na čem můžete pracovat, co můžete vytvářet a formovat. Zformujte ho tak, aby vám dopomohl ke štěstí.

4

Nalezení sebe sama

Tehdy jsem to nevěděla, ale chybělo mi něco, nač bych mohla soustředit energii. Potřebovala jsem něco, co by mě odvedlo od hrůzy z matčiny nemoci, trablů ve školní jídelně v Kentu a od nemotornosti dospívání, ale potřebovala jsem také zakotvit v nějaké rutinní činnosti. Potřebovala jsem výzvu.

Náhodou jsem ji nalezla v dívčím oddíle veslování. V prvním roce v internátní škole jsem se věnovala basketbalu. Moc se mi líbilo dávat koše, ale zdálo se, že jsem o hodně lepší než ostatní děvčata, tudíž jsem v tom necítila žádnou výzvu, žádnou odměnu. Nemám v úmyslu se vychloubat, ale chci nastínit situaci vedoucí k tomu, co se stalo dál. Opustila jsem basketbalový tým s pocitem mírného rozčarování z nadcházející sezony. Úroveň soutěže nebyla taková, jak jsem očekávala. Jen tak jsem se loudala a rozmýšlela se, co dál, když jsem došla k rybníku, přes nějž veslovalo družstvo dívek v lodi. Závody veslařů se konaly na blízké řece Housatonic, ale pro tréninky stačil rybník. To je ale divný sport! napadlo mě. Nikdy jsem něco takového neviděla. Po pravdě řečeno jsem myslím v lodi ještě nikdy neseděla. Stála jsem tam a hodně dlouho jsem na tu veslici hleděla, až ke mně přišel trenér a začal si *mě* prohlížet. Přejel mě pohledem od hlavy až k patě. Nakonec prohlásil: „Myslím, že budeš skvělá."

Já? Skvělá? V čem?

Trenér musel rozeznat na mé tváři zmatený výraz, jelikož

odpověděl na mé otázky dřív, než jsem je stačila vyslovit. „Jsi vysoká," vysvětlil. „A máš svaly. Vlezeš si do lodi a uvidíme, co se stane."

Stalo se to, že jsem se převrátila. Posadil mě do lodi pro jednoho veslaře a ty mají sklon se velmi snadno převracet. Když jsem to ale vyrovnala a zjistila, co mám dělat, ukázalo se, že mám pěkný, dlouhý záběr. Veslování v sobě mělo ladnost a sílu, jaké jsem si nikdy neuměla představit. Chytilo mě hned první den a rovnou na místě jsem se zapsala do oddílu.

Trénovaly jsme v osmiveslicích. Byla jsem ráda součástí týmu. Dávalo mi to pocit sounáležitosti. A také se mi zamlouvalo, že jsme byly všechny vysoké a podsadité. Pro veslování byl nejvhodnější právě můj tělesný typ. A milovala jsem kamarádství. Byla jsem moc ráda, že nejsem sama.

Veslování mi okamžitě ukázalo, že mi tělo může opravdu dobře sloužit. Mé tělo skutečně pohánělo loď! Každý správný záběr jsem cítila v každičkém svalu – v nohách, zádech, pažích –, z každého tréninku jsem odcházela s vědomím, že jsem tvrdě a užitečně dřela.

Vždycky jsem měla sportovní postavu a nyní, když jsem své svaly organizovaně trénovala, začala jsem na sebe pohlížet jinak. Už jsem netoužila po postavě, jakou jsem nikdy nemohla mít, a opustila jsem své odhodlání zformovat své tělo podle očekávání jiných. Zaměřila jsem se plně na optimální využití toho, co jsem *měla,* a věnovala se svému novému cíli.

Veslování způsobilo bezpochyby tu nejpozitivnější změnu v mém dosavadním životě. Dříve mi mé tělo připadalo jako nepřítel mařící všechny mé plány a toužebná přání, zatímco nyní bylo můj přítel: zdroj pýchy a síly, plné schopností, kterých si kamarádky z oddílu cenily.

Čím víc jsem trénovala, tím jsem měla tělo pevnější. Stále jsem byla statná – ramena a svaly na pažích, nohách a zádech naopak ještě zmohutněly. Byly však pevné. Cítila jsem se silná a s tímto pocitem se dostavila zvláštní sebedůvěra. Nepotřebovala jsem se už tolik strachovat o to, co jím. Moje tělo se podobalo stroji, který spotřebuje spoustu paliva. Při trénincích, někdy i dvoufázových, kdy se spalovalo mnoho kalorií, se mi poprvé v životě zdálo, že mohu jíst bez následků opravdu cokoli. Byla jsem imunní! Mohla jsem beztrestně jíst.

Poprvé jsem měla cíl, který byl větší než já sama. Někam jsem patřila. Byla jsem součástí týmu. Středem mého zájmu nebylo hubnout, po pravdě řečeno můj trenér chtěl, abych trochu přibrala a zesílila. Naučila jsem se hodnotit své tělo očima svého trenéra, svých oddílových kolegyň a podle toho, co může dokázat, když mu dám příležitost.

Veslování pro mě znamenalo kritický předěl ve dvou významných oblastech. Jednak jsem díky veslování dokázala poprvé ocenit určité schopnosti související s mou statnou postavou – považovat ji za kladnou vlastnost bylo pro mě něco zcela nového. A jednak mi veslování poskytlo zdroj sebeúcty. Sportovní úspěch ve mně zanechal příjemný pocit z vlastního výkonu nesouvisející s tím, jak vnímám své tělo. Z mnoha důvodů to pro mě tehdy bylo skvěle vynaložené úsilí.

Než jsem začala veslovat, myslela jsem jen na to, že jsem moc silná, a urputně jsem se snažila být štíhlá. V oddíle veslování trénink zaměstnal nejen mé myšlení, ale zaplnil celý můj život.

Veslování je uhrančivý sport. Pro mě byla jeho uhrančivost součástí jeho přitažlivosti. Dal mi nejenom sebevědomí a cit pro ovládání svého těla, ale dovolil mi rovněž zaměřit se na sport na úkor ostatních problémů v mém životě – problémů, na něž jsem nebyla připravená či se mi nechtělo je řešit. Samozřejmě to vidím pouze při zpětném pohledu. Tehdy jsem to plně nedocenila. A zatímco by někdo mohl mít pocit, že jsem veslování zneužívala k zastření jiných problémů, já věřím tomu, že mi veslování pomohlo je překonat.

Matčina rakovina je to nejtěžší, s čím jsem se kdy musela vypořádat. Zvláště tehdy to bylo těžké.

Ačkoli jsem vypadala silná, v době studia na střední škole jsem se cítila slabá vinou všemožných úzkostí a nejistot, jakým propadá každý teenager, problémů, jimž jsem čelila, protože jsem byla větší než mí vrstevníci, a vinou Billova svérázného smýšlení o váze. Vyrovnat se se smrtelnou nemocí rodiče není nikdy snadné, ale vzhledem ke všemu ostatnímu, co jsem emocionálně prožívala, jsem tehdy pociťovala naprostou neschopnost se s tím vypořádat. Cítila jsem se provinile, že nejsem se svou matkou, i když jsem věděla, že jsem tam, kde mě chce mít. Trvala na tom, aby její nemoc nenarušovala můj život víc, než bylo nutné. Přesto jsem měla nepříjemný pocit, že nejsem u ní, ač se podvoluji jejímu přání. Můj pocit viny se prolínal se skutečností, že stejnou měrou, jakou jsem chtěla být se svou matkou, jsem se těšila z toho, že jsem v internátě. A jaká úleva bylo nežít pod jednou střechou s Billem!

Čím víc jsem se věnovala veslování, tím víc jsem zapomínala na své úzkosti. Většinu dne jsem trávila buď tvrdým tréninkem, nebo odpočinkem po vší té námaze. Veslování je vyčerpávající. Často jsem byla příliš unavená, abych si dělala velké starosti. A pak tu byly endorfiny.

Endorfiny jsou povzbuzující látky vytvářené naším tělem a vylučované po obdobích trvalé fyzické námahy. Endorfiny způsobují ono známé „běžecké opojení", které zažívají maratonští běžci i ti, kdo běhají pro zdraví. Není pochyb o tom, že například aerobik posiluje vitalitu a zlepšuje náladu. Proto může být cvičení často prostředkem, jak se bez léků vypořádat se stresem.

Endorfiny mi pomohly přenést se přes spoustu krušných dní na střední škole. Jsem šťastná, že jsem období v oddíle veslování prožila. Zároveň teď také vím, že endorfiny mi pomáhaly maskovat spoustu emocí, které ve mně tenkrát vřely. Endorfiny mi pomohly přečkat obtížné údobí i díky mému nadání vyhýbat se nepříjemnostem. Po tvrdém tréninku má nálada prudce stoupla a nesla se na endorfinové vlně. Je to skvělý pocit, ale nepřipraví vás na přísné sebezpytování či soustředění na závažnější problémy.

Zůstávám tedy i nadále nadšenou propagátorkou rekreačního i závodního sportování, znám však už rovněž jeho meze. Dosud jsem ale pořád mluvila o době pár let předtím, než jsem dokázala pohlížet na sportování náležitým způsobem.

Zamyšlení

Veslování se pro mě stalo základem téměř všeho, co jsem od té doby dělala. Ne, nezískala jsem díky němu tu štíhlou, elegantní postavu ze svých pubertálních snů, ale pomohlo mi vypěstovat si pevné, svalnaté tělo, které se pro mě stalo novým předmětem uspokojení a pýchy. Ukázalo mi, jaký prospěch přináší tvrdá práce a nadšení. A poučilo mě, že žádný cíl není příliš malý, když do něj člověk vloží své srdce a duši. Záleží pouze na tom, že na tom záleží *vám*. Při veslování měsíce a měsíce trénujete, abyste dosáhli skvělého šestiminutového výkonu na vodě. Tak dlouho trval celý náš závod – šest minut. A přesto těchto šest minut probíhalo jako ve zpomaleném filmu a velmi mnoho pro nás znamenalo. Těch šest minut bylo doopravdy vším a tvrdá dřina, kterou jsme vkládaly do tréninků i závodění, za to rozhodně stála.

Veslování mi také pomohlo cítit věci mnohem intenzivněji než kdy předtím a vytěžit z každičkého okamžiku co možná nejvíc. Přimělo mě přemýšlet a dodalo mi odvahu zabývat se svými problémy – systematicky a vytrvale. Sport nám stále připomíná, že dobrých věcí dosáhneme jen trpělivostí a vytrvalostí.

Samozřejmě se za všechny tyhle životní lekce a za pevné svaly, které se dostavily zároveň s tím, muselo zaplatit. Jediný způsob, jak si takovou postavu udržet, je přísný každodenní několikahodinový trénink. To vám pak v životě nezbude moc prostoru pro cokoli jiného. Střední škola a univerzita jsou pro nutkání vyniknout prostřednictvím sportu tou správnou dobou. Alespoň pro mě to tak bylo. Jako celoživotní strategie to však není nejvhodnější především kvůli ohromnému časovému vytížení. V období života, kdy potřebujete vložit svou energii do kariéry či trvalého vztahu, není možné udržovat tréninkový režim vyžadující tři až čtyři hodiny tělesného cvičení denně. Byla jsem ochotná zasvětit svůj život veslování v době studií. Tehdy se to hodilo. Avšak podobné zanícení není slučitelné s mými nynějšími cíli jak pracovními, tak mimopracovními. A nejsem-li ochotná věnovat tomu tolik času, musím se dobrovolně vzdát pevného těla.

Pro někoho, jako je Demi Mooreová nebo Madonna, je možná přiměřené trávit tři hodiny denně s osobním trenérem. Jejich vzhled je jejich živobytí. Ale ani já, byť se v současné době také živím svým vzhledem, nemám pocit, že den má dost hodin na to, aby se takové zanícení pro udržování dokonalé postavy dalo rozumně ospravedlnit. Jestli cvičím? To se ví. Ale jen asi tři dny v týdnu, ne šest ani sedm. Cítím se proto zdravá a silná, i když už nemám takové svaly, abych mohla vystupovat jako akční hrdinka po boku Jeana Clauda Van Dammea či Arnolda Schwarzeneggera.

A díky působení endorfinů se vždycky těším na ten úžasný pocit pohody, který se dostaví po namáhavém, upoceném „mejdanu" na kole nebo v tělocvičně. Nyní v mém životě endorfiny hrají přiměřenou roli. V důsledku toho mám pocit, že svůj život prožívám tak, jak tomu na střední škole a univerzitě vždy nebylo. Doopravdy ho žiji, neplachtím jen po jeho povrchu.

5

Vytrvalost

Právě když jsem začínala cítit, že se ve škole prosazuji, situace doma se začala komplikovat. Mamince se přitížilo. Třebaže jsem se podrobila jejímu přání a zůstávala ve škole, i ona chápala, že mám poslední šanci být s ní. A tak jsem jezdila domů častěji a naše telefonické hovory se protahovaly do noci. Čím víc matka slábla, tím silnější jsem se snažila být, ale příliš jsem to nezvládala.

Bylo pro mě utrpením dívat se, jak matka chřadne. Někdy byla změna velice dramatická, i když mezidobí trvalo pouze pár týdnů. Pamatuji se, jak jsem se tváří v tvář matčině rakovině cítila bezmocná. Rozumově jsem, myslím, chápala, že pro ni nikdo nemůže moc udělat, ale citově jsem věděla jen to, že tu vždycky byla pro mě. Chránila mě a dodávala mi odvahu. Teď jsem ji chtěla chránit a dodávat jí odvahu já.

Pobyt doma byl pro mě obtížný i v jiných směrech. Měla jsem velkou radost ze svého pevného těla vytrénovaného veslováním, ale v Billových očích jsem byla jen mohutnější než dřív. I moje matka nevěděla jistě, zda se jí má současná svalnatá postava líbí. Chtěla zpátky svou malou holčičku a řekla mi to. Nyní chápu, že se matce asi zkrátka stýskalo po dřívějších, bezstarostnějších dobách, ale já to vzala doslova: Byla jsem pořád příliš statná na to, abych byla půvabná.

A tak jsem začala být rozpolcená mezi stresem z matčina zhoršujícího se zdraví, svou snahou se držet a rozporem mezi pozitivním názorem na svou postavu, který jsem získávala od svého trenéra, a velmi negativní kritikou doma. Vrátila jsem se k některým svým starým stravovacím návykům v jídelně a večer na pokoji.

I když jsem stále trénovala v oddíle a spalovala velké množství kalorií, pořád jsem si vyčítala, že tolik jím. Zkrátka jsem nemohla nalézt tu správnou rovnováhu. Jeden den jsem byla „špatná" a druhý den „dobrá", dospělo to tak daleko, že jsem už nedokázala ovládat své chutě. Teď je mi zcela jasné, že se mi mé stravovací návyky vymkly z rukou, ale nejspíš jsem to poznala už tehdy. Nejspíš jsem věděla, že to je můj způsob, jak se pokusit sloučit svou starou představu o ideální postavě, která získala nanovo nečekanou podporu z domova, s nově objevovaným pojetím statnějšího, pevnějšího, svalnatého těla získaného veslováním. Výsledek nebyl zdravý, fyzicky ani emocionálně.

V únoru 1979 maminka už dál nemohla. Odletěla jsem do Houstonu, abych byla u ní, ale vše, co jsem mohla dělat, bylo sedět u ní, držet ji za ruku a říkat jí, že ji mám ráda. Je to směšné, ale pamatuji se na tyhle poslední chvíle, jako by se odehrávaly jen mezi mnou a mou matkou. Jako by tam nikdo jiný nebyl, a přitom jsem věděla, že je s námi Bill. V duchu jako bychom s maminkou pobývaly zase samy v našem manhattanském bytě. Jen my dvě – znovu a naposledy.

Vysedávaly jsme pozdě do noci, povídaly si a držely se za ruce. Obě jsme věděly, že umírá, a já jsem měla na paměti, že bych měla být tak statečná jako moje matka. Chtěla jsem se postavit pravdě tváří v tvář. Společně jsme plakaly, ale byly to dobré slzy, pokojné slzy. Vyprávěla jsem matce o tom, jak někdy přemýšlím o jejím umírání jako o příležitosti naplánovat naše příští dobrodružství. Přemýšlela jsem o tom, kam odchází, a představovala si, že se k ní jednoho dne připojíme.

Po chvíli upadala do spánku, ale já jsem u ní zůstávala vzhůru, dokud to šlo. Její ruka v mé byla pojítkem s tím malým děvčátkem, jímž jsem bývala, a se ženou, jakou jsem doufala, že budu. Stále slyším matčino klidné oddechování z oněch posledních společných nocí a tyhle chvíle si budu vždy uchovávat v paměti jako poklad. Během nich jsem cítila, že vím, kam moje matka odchází, že se neodloučíme, že existuje delší život, než jaký máme vyměřený na této zemi, že se nám všem povede dobře.

Stále jsem čerpala sílu ze sna, který se mi zdál ještě v Dhahranu noc předtím, než jsem se dozvěděla, že matka není v pořádku. Také jsem čerpala sílu ze své víry. Byla jsem věřící. Maminka rovněž. Byla vždy zbožná. Ve Státech jsme chodily do kostela každou neděli a v poušti každý pátek. Ke konci maminka trpěla velkými bolestmi, ale zemřela s vědomím, že pro svou rodinu udělala to nejlepší, co mohla. Byla přesvědčená, že na nás bude shůry dohlížet.

Po maminčině smrti se Bill snažil být mi nablízku. A skutečně byl. Chodíval za mnou a říkal: „O tomhle si musíme promluvit, v tomhle musíme být otevření, tohle musíme vyřešit." Nechápala jsem sice, co chce řešit, ale cenila jsem si jeho vstřícnosti.

Snažili jsme se matčinu smrt překonat společně, ale jako by nás všude pronásledovalo nepříjemné ticho. Nedokázali jsme spolu mluvit za normálních okolností, nedovedli jsme tudíž komunikovat ani teď. Když se na to dívám zpětně, stále si uvědomuji, že Bill hodně truchlil o samotě a že ve dnech bezprostředně po matčině smrti vyžadovali můj mladší bratr a sestra o trochu víc pozornosti než já. A tak jsem byla v podstatě ponechána ve svém smutku sama. To nebylo nic tak jednoznačně špatného, až na to, že jsem si už pár let nepočínala zrovna správně. Tolik mě zaměstnávala snaha být silná, že jsem si vůbec nedovolila truchlit. Odjela jsem zpět do školy v Connecticutu dříve, než jsem měla, a snažila se vrátit do starých kolejí příliš brzy. Nebyla jsem vůbec na nic připravená, a přesto jsem se snažila zvládat všechno sama.

Tehdy se opět přihlásili mí přátelé. Zvali mě k sobě domů na víkendy a jejich rodiny byly ohromné. Dávaly mi pocit, že k nim patřím, a usnadňovaly mi návrat k normálnímu životu. U nás doma přebývala láska, ale neprojevovala se takovým způsobem jako v těchto domovech. U jejich jídelních stolů se rodiče společně snažili své děti podporovat, ne je srážet. Ležívala jsem v noci s otevřenýma očima v pokojích svých kamarádů a při jejich oddechování jsem si představovala, jaký mohl být můj život v prostředí větší podpory.

V létě po matčině smrti, když jsem nepobývala v Kentu a neveslovala, se moje situace ještě zhoršila. Úplně jsem se z přibírání na váze pomátla. Trápila jsem se hladem, jak to jen šlo. Bála jsem se trénovat, abych kvůli tomu nedostala hlad. Pořád jsem stála na váze. Nemohla jsem v noci spát, tolik jsem se bála, že ztloustnu. Když maminka chtěla, abych byla její malá holčička, pak budu její malá holčička. Vytvořila jsem si o sobě a o tom, jaká mohu být, naprosto nereálnou představu. Každá připomínka toho, že selhávám, ve mně vzbuzovala pocity sklíčenosti a zmatku.

Častokrát jsem přemítala, zda moje nová posedlost představou o svém těle byla mým projevem smutku. Nikdy jsem matčinu smrt neoplakala tradičním způsobem. Pohřeb se nekonal. Plakala jsem, ale přitom jsem se pokaždé snažila neplakat. Dokonce i skrze slzy jsem se pokoušela něco v sobě potlačit. Nemohla jsem dovolit, aby mě Bill viděl slabou a vylekanou. Chtěla jsem být silná kvůli svému bratrovi a sestře. A nechtěla jsem, aby mí kamarádi věděli, jak se cítím bezradná. Myslím, že jsem všechny obelhala. Pořád za mnou někdo chodil a vyptával se, jaktože tak dobře zvládám situaci. Nikdy jsem nevěděla, co odpovědět. Měla jsem pocit, jako by situace ovládala mě.

V době, kdy opět začal školní kolotoč, jsem byla připravená vrátit se a posbírat střípky svého sportovního ducha. Znovu jsem v sobě objevila nadšení pro veslování, ale zanedlouho jsem propadla problémům s jídlem.

Aniž jsem si to uvědomovala, vytvořila jsem si skutečnou fixaci na myšlenku být hubená. Možná měla zpočátku co dělat se snahou potěšit matku, ale brzy žila docela sama od sebe.

Začala jsem se posedle zabývat určitými tělesnými partiemi: boky, stehny a hýžděmi. Asi jsem si myslela, že je lépe se zaměřit na jednu jednotlivou oblast než na celek. Ačkoli jsem věděla, že musím svému tělu poskytovat řádnou výživu, když dále trénuji, vzdorovala jsem. Odpírala jsem si jídlo, které jsem potřebovala, a potom, ve chvílích zoufalství a hladu, jsem do sebe cpala tolik kalorií, kolik se jich do mě vešlo. Neúmyslně jsem se vrátila k jídelnímu koloběhu, jaký jsem praktikovala během svého časného pobytu v Kentu a pak opětovně v zimě, když se matce přitížilo: před kamarády v jídelně jsem zobala jako vrabeček, ale v noci na pokoji jsem se přejídala různými pochoutkami. Tento způsob stravování byl nezdravý, už když jsem byla nováček, ale teď to pro mě jako pro sportovkyni středoškolského oddílu byla katastrofa. Způsobovala jsem si nevolnost. Moje výkony v oddíle tím trpěly. Při tréninku jsem cítila slabost bezpochyby i kvůli své mimořádně chudé stravě. Můj trenér se divil, co se se mnou děje, ale domníval se, že se stále trápím smrtí své matky.

Ve skutečnosti jsem začala strádat svou *odezvou* na matčinu smrt, nikoli její smrtí jako takovou. Avšak chvíli to trvalo, než si někdo – včetně mě – skutečně uvědomil, co se mnou je.

Často jsem přemýšlela o maskách, které nosíme, jak kráčíme tímto životem, o tvářích, jež si nasazujeme, abychom se cítili lépe či abychom unikli před světem. Byla doba, kdy jsem měla tolik masek, že bych mohla pořádat svůj vlastní maškarní bál. Pořád se jich tu pár potuluje kolem a čeká na svou příležitost. Kdesi ve mně se skrývá odvážná tvář, která mě provází téměř každou situací. Zdědila jsem ji po své matce a při její smrti jsem ji nosila nejpůsobivěji (v dobrém i špatném slova smyslu).

Pořád se vidím, jak sedím na matčině nemocniční posteli se všemi těmi hrůzostrašnými hadičkami, na které byla napojená. Vypadala groteskně, ale rozhodla jsem se to nevidět. Pro mě byla krásná. Vypadala jako tehdy, když jsem byla malá. Byla to moje maminka. Já jsem byla její malá holčička. Nemohlo se stát nic zlého.

Když moje matka umírala, nosila jsem masku sebezapření jako štít tak urputně, až si lidé museli myslet, že jsem v šoku. A to já byla. Jediným místem, kde jsem se kdy cítila v bezpečí a nedotčená, byla matčina náruč. Ona se teď chystala vydechnout naposledy a já jsem měla zůstat sama v rodině, kde, jak jsem se bála, pro mě nebylo místo. Odmítala jsem tomu uvěřit.

Toto uvádím jako varování: Jedna věc je klamat zbytek světa, aby si myslel, že se ovládáte nebo že zvládáte určitou situaci, avšak když klamete samy sebe, překračujete meze. Já jsem tyto meze prvotřídně překročila při matčině smrti. Zkrátka jsem nebyla schopná dívat se zdravě na věci kolem sebe. Ti, kdo trpí jídelními poruchami nebo zápasí s negativní představou o svém těle, se obtížně smiřují se svou situací, ale jejich obtíže nedosáhnou klinických rozměrů. Poznala jsem muže i ženy tak naprosto posedlé svým zevnějškem, že vůbec nebyli schopni vidět se takoví, jací skutečně jsou. Poznala jsem odpudivé lidi, kteří si mysleli, že jsou půvabní, a půvabné lidi, kteří si mysleli, že jsou odpudiví. Poznala jsem lidi s tak nízkým sebevědomím, že si museli dodávat odvahu, aby se na sebe vůbec dokázali podívat, a přesto každému dni vycházeli vstříc s určitou falešnou sebedůvěrou, která téměř vždycky vedla ke zklamání. Každá modelka, s níž jsem kdy pracovala, jednou či víckrát klientovi lhala o svých mírách nebo usilovala o práci, na niž se zjevně nehodila.

Myslím si toto: Jestliže se nedokážeme vidět takové, jaké skutečně jsme, nikdy se nemůžeme jevit tak, jak bychom si přály být viděny. Jestliže nedokážeme přijmout, co se kolem nás děje, a upřímně to pojmenovat, nikdy nenalezneme způsob, jak se s tím doopravdy vypořádat. Masky, za nimiž se skrýváme, nás více odhalují než chrání. To, co se snažíme utajit, o nás často řekne víc než to, co prozradíme.

Věřívala jsem, že když vycházíme vstříc novému dni, máme dvě možnosti – můžeme být veselí, nebo smutní. To se zdálo zásadní. Teď si však myslím, že je třeba, abychom neviděly tak černobíle a dopřály si celé spektrum emocí. Můžeme být trošku veselé a trošku smutné i něco mezi tím. Můžeme smutnit *i* veselit se. Můžeme cítit sebedůvěru *i* nejistotu, můžeme být stydlivé *i* otevřené, důvěřivé *i* opatrné.

Můžeme dělat to, co musíme, a být tím, kým jsme.

Zamyšlení

Díky veslování jsem už málem překlenula onu ohromnou propast mezi svým ideálem o postavě a skutečností, když se zhoršil matčin zdravotní stav. Veslování mi pomáhalo chápat samu sebe lépe a realističtěji a vytvořit si ideál, o nějž jsem mohla usilovat, neboť se zakládal spíš na mém tělesném typu než na zbožném přání. Byla jsem však stále nevyrovnaná. S touto novou představou jsem se ještě trvale neztotožnila, a tak matčin horšící se stav stačil na to, abych ztratila hlavu.

Zlé časy někdy potkají téměř každého. Máte-li problematický vztah k jídlu a především problematickou představu o svém těle, tyto oblasti pro vás budou asi ty nejcitlivější, když se ocitnete v mimořádném stresu. Jestliže jste dělaly pokroky, úmrtí v rodině, nešťastná láska, ztráta zaměstnání či nemoc vás mohou vrhnout zpět ke starým návykům. Jak vidíte, mně se to stalo. Než jsem si to uvědomila, už jsem se zase vezla na kolotoči přejídání a odmítání jídla.

Proto se domnívám, že je důležité pilně pracovat na vytvoření zdravějších stravovacích návyků, lepšího vztahu k jídlu a vhodné představě o svém těle. Čím víc se vám bude dařit tyto ideály vytvářet, tím víc podle nich dokážete žít a méně pravděpodobně se plně vrátíte ke svým starým špatným návykům.

Nikdo není dokonalý a málo lidí se trápí otázkami vzhledu, když prožívají těžké období. Lhala bych, kdybych tvrdila, že po obzvlášť špatném dni nikdy nesáhnu pro útěchu třeba po tyčince Snickers. Ale v podstatě se držím svých zdravějších návyků a zdravějšího režimu bez ohledu na to, co se v mém životě odehrává. A čím víc se podle těchto zásad chováte v dobrých časech, tím pravděpodobněji si je zachováte i v těch zlých.

Mnohé z toho se netýká jen zásad a návyků – byť velká část ano. Nezřídka můžete zpočátku trochu předstírat. Zůstaňte věrné svým dobrým zásadám, i když vám to nejde od srdce, nakonec to zvládnete. Velká část problémů ovšem začíná u rozpoložení vaší mysli. V atmosféře matčiny zřetelné touhy po křehké malé holčičce a vlastního tápání jsem se rychle vrátila k myšlence být štíhlá za každou cenu. A následně se změnily mé stravovací návyky. Alespoň pokud šlo o odmítání jídel v jídelně. Pak jsem měla nevyhnutelně hlad v noci, kdy byly k mání jen sladkosti.

Podle učebnicové definice je jedlík s nutkavou chutí k jídlu někdo, kdo propadá záchvatům přejídání, ale nebere žádné prostředky na vyprázdnění. Tyto záchvaty přejídání jsou obvykle řízeny emocionální potřebou. Přejídači jedí, protože jsou rozzlobení, osamělí či frustrovaní. Kromě toho, že jsem po dni téměř bez jídla měla v noci skutečně hlad, jedla jsem i z jiných důvodů: cítila jsem hněv kvůli matčině smrti, osamělost i mezi spolužáky ve škole a zklamání ze všeho, co se mi vymklo z ruky počínaje matčinou smrtí, přes své tělo až po jídlo.

Záchvaty přejídání nikdy neuspokojí skutečný hlad. Často je jídlo provázeno jinou činností, jako třeba sledováním televize. Chvilku matně přemýšlíte: „None, ta čokoláda je tak dobrá." Pak zjistíte, že jste snědly pět nebo šest sladkých tyčinek a ani jste si to neuvědomily. Zábavou se stává jídlo samo.

Taková jsem byla, když jsem se vrátila do školy. Jedla jsem, aniž jsem to potřebovala. Nejedla jsem, když jsem měla hlad. Jestli to ještě nevíte, povím vám, že následná sebenenávist kvůli takovému přejídání je šžíravá. Pro mě to bylo obzvlášť krušné, neboť se mi už jednou podařilo ten začarovaný kruh prolomit. Přesto jsem se v něm nechala uvěznit znovu. Změnit se mě předtím stálo tolik úsilí, že jsem nemohla pochopit, jak jsem mohla dopustit, abych sklouzla nazpátek. Když jsme však pod neobyčejným tlakem a ve stresu, stát se to může. A proto potřebujeme zdvojnásobit úsilí v lepších časech, a když nastanou ty zlé, musíme se obzvlášť pozorně kontrolovat.

6

Řešení

Ke konci studia v Kentu se stala mým nejvyšším cílem univerzita. Postupně jsem si začínala osvojovat zdravější stravovací návyky. Zpočátku jsem je prosazovala díky veslování. Cítila jsem se tudíž fyzicky lépe a dokonce jsem se začala zotavovat i psychicky. Je úžasné, co dokáže čas – i bez jakéhokoli úsilí z naší strany. Jako mnoho mých spolužáků jsem ale začala prahnout po novém startu a větším hřišti. Vyvstal problém, kde vzít peníze.

Většina dětí v Kentu pocházela ze zámožných rodin, takže když se mí kamarádi začali poohlížet po nějaké škole, řeč se obvykle stočila k té či oné elitní soukromé instituci. Můj otčím tolik peněz neměl, ale já jsem vedla stejné řeči jako ostatní. Představovala jsem si – nejspíš naivně –, že mě napřed přijmou a školné nějak vyřeším později.

Domnívala jsem se, že na mém postoji je cosi osudového, jako bych se připravovala k pádu, ale zadržovala ho. Věděla jsem, že rozhodnutí, která učiním v několika příštích měsících, budou určovat, jaký člověk se ze mě stane. Šlo o mou budoucnost a já jsem si ji nehodlala zpackat.

Už pár měsíců jsem pomýšlela na kariéru v televizi. Byla jsem učiněný blázen do nočních show. Zůstávala jsem vzhůru pozdě do noci a zalykala se nadšením nad vysíláním Johnnyho Carsona. Upřímně jsem si myslela, že má fantastický život: sedí si tam noc co noc, vtipkuje, poznává neznámé lidi, dozvídá se o jejich životech. Jen jsem potřebovala vymyslet způsob, jak se dostat na jeho místo.

Syracuská univerzita měla oddíl závodního veslování a jednu z nejlepších novinářských fakult v zemi, upřela jsem tedy svůj zrak právě tam. Jediným záporem bylo velmi vysoké školné. Bill mi stále opakoval, abych šla na nějakou státní školu zpátky do Texasu, protože to bude stát mnohem méně, jenže já jsem se do Texasu v žádném případě nechtěla vrátit.

Moje jediná šance, jak se dostat na univerzitu svých snů, spočívala ve veslařském stipendiu. To byla jediná cesta.

Brzy mě začala myšlenka na odchod do Syracuse doslova stravovat. To stipendium jsem prostě musela dostat. Tolik mi na tom záleželo. Myslím si, že jsem svou touhu po skvělé postavě do jisté míry vtělila do touhy být přijata na skvělou univerzitu. V obou případech jsem skutečně věřila, že kdybych dosáhla svého vysněného cíle, můj život by byl učiněným štěstím. (Kdykoli teď začnu podléhat tomuhle pocitu „kdyby", jsem opatrná. Je to jasná známka toho, že se obírám nepravděpodobnými iluzemi.)

Ať to bylo dobře či špatně, syracuská univerzita představovala životní metu a já se na ni upnula. Každé ráno jsem se budila a modlila se, aby přišel pošťák se zprávou o mém přijetí – a mém stipendiu.

Jednoho dne naštěstí přišel. Do značné míry díky úsilí mého trenéra mi v Syracuse poskytli plné sportovní stipendium. A tak jsem následující podzim zamířila s velkými nadějemi na sever.

Veslování v univerzitním oddíle na špičkové úrovni znamenalo oproti veslování na střední škole velkou změnu. Tedy sport byl stejný, ale závodily jsme mnohem častěji a musely jsme mu věnovat mnohem větší úsilí. Trenéři nám vštěpovali myšlenku, že veslování je jediné, na čem záleží. Veslovaly jsme dvě hodiny každé ráno a další tři každé odpoledne. Žily jsme, dýchaly a jedly podle předepsaného režimu.

Významnou část režimu představovalo jídlo. Stravovaly jsme se jako oddíl a pokaždé, když jsme se posadily ke stolu, spolykaly jsme tisíce kalorií, jen abychom si udržely výkonnost. Heslo znělo: jez, nebo zeslábneš. Někdy se mi zdálo, že existujeme jen proto, abychom spalovaly energii a znovu ji načerpávaly, což by nebylo tak hrozné, kdybych ovšem neměla stále sklon k vlastnímu způsobu emocionálního přejídání. A mám dojem, že jsem měla stále dostatečně negativní představu o svém těle, abych se cítila nejistá. I drobnosti – nepříjemný telefonní hovor z domova, špatná známka – u mě vyvolaly záchvat přejídání. Avšak díky tréninkovému režimu jsem tyto kalorie navíc vůbec nezaznamenala. Trénovala jsem jako šílená a moje endorfiny sahaly až do nebe, což mi pomáhalo citově se zklidnit, ale také maskovat pocity spojené s nutkavým přejídáním.

Byl to zběsilý kolotoč. Když se mi hladina endorfinů vracela k přirozené úrovni, byl obvykle čas jít zase na trénink. Šla mi z toho hlava kolem.

Stále jsem se pravidelně vážila, ale nyní mi šlo o to si váhu udržet, nikoli hubnout. Nesměla jsem klesnout pod svou počáteční váhu – asi pětasedmdesáti kilo. To byl zcela nový přístup, na nějž jsem si nikdy úplně nezvykla. Často jsem si prohlédla nějakou kolegyni z oddílu, a když jsem zjistila, že váží o trochu míň než já, nebo je třeba v některých partiích trochu štíhlejší, zpanikařila jsem. Dělá něco, co já nedělám? Co jsem snědla včera v noci a neměla jsem? Možná bych měla víc trénovat nebo míň jíst.

Jedním z nejpodivnějších vedlejších účinků mého tréninkového režimu byla rozpolcenost, s níž jsem přistupovala ke svému vzhledu. Na závodní úrovni jsem byla až nestoudně sebejistá tím, jak vypadám. Byla jsem na své tělo pyšná a ráda jsem ho předváděla ostatním sportovcům a trenérům, aby ho mohli ocenit. V plném nasazení na vodě neexistovalo nic, co bych nedokázala. Avšak na osobní, důvěrnější úrovni jsem byla ze svého vzhledu často v rozpacích. Z nějakého důvodu jsem měla stále pocit, že je životně důležité vejít se do džínsů velikosti dvaačtyřicet. Zkrátka jsem se nedokázala vzepřít kultuře. Moje nohy, břišní a prsní svaly… všechno mohlo být dokonale pevné, přesto jsem stále propadala šílenství, když mi byly džínsy příliš těsné.

Moje mohutnost představovala i nadále problém ve vztazích s muži. V prvním ročníku mi jeden kluk řekl, že má strach z toho, abych ho nerozmáčkla, kdybych si na něj lehla. Zanedlouho potom jsem se začala scházet jen s většími chlapci, s nimiž jsem se většinou seznamovala v tělocvičně. Právě tam jsem trávila téměř všechen svůj čas a chlapci, které jsem tam vídala, obvykle moje sportování hodnotili příznivěji než ostatní studenti.

I potom jsem však bývala často ze svého těla nervózní. Teď mi to připadá komické. Myslím, že jsem nikdy nevypadala lépe a mé svaly nebyly vypracovanější. Občas jsem si připadala sexy, ba dokonce hodně sexy. Ale obyčejně jsem byla víc nesvá než kdokoli jiný.

Když jsem například byla poprvé s chlapcem, strávila jsem víc času přemýšlením o sobě než o něm. Dělala jsem si starosti, jestli nemám příliš silná stehna nebo jestli bych se snad neměla obrátit trochu na bok, aby se zdálo, že mám menší břicho. Tolik jsem si lámala hlavu, jak se udělat lehčí, jak naaranžovat své tělo a jak se zdát pod přikrývkou půvabnější, že jsem se těm chvílím patřičně neoddala. Divné, že? Ležela jsem tam, víceméně svlečená, sdílela své první důvěrnosti s partnerem a hlavou se mi honilo jen to, jak se mu jevím. Natolik jsem se zabývala tím, abych se neztrapnila, že jsem se zapomněla těšit z toho, co mi můj chlapec určitě poskytoval.

Časem – díky bohu! – jsem se v otázkách sexu začala chovat uvolněněji, ale spokojená jsem se sebou nebyla. Začala jsem získávat větší důvěru ve svou přitažlivost pro muže – zkušenost byla skvělá učitelka –, ale pořád mi chyběla sebedůvěra. A kořeny pochybností o sobě samé stále spočívaly v mém těle. I ve vrcholné formě zůstávaly zdrojem mého nízkého sebevědomí. Kdybych měla šanci své tělo vyměnit za nějaký středně velký model, brala bych to! A říkám to, i když vím, co všechno mi dalo veslování, sport, v němž jsem vynikala především právě díky své robustnosti.

Nedostatek sebevědomí může vést k dalším problémům. V posledním ročníku na svátek sv. Patrika jsem si vyšla s partou přátel do hospůdky na půdě školy. Popíjeli jsme a dobře se bavili. V jednu chvíli jsem zjistila, že jsem trochu přebrala a rozhodla se, že to pro dnešní večer stačilo. Rozloučila jsem se a zamířila pěšky na kolej. V půli cesty na mě dolehla opilost, a tak jsem se zastavila, abych si odpočinula na zadním schodišti budovy, kde bydlela moje kamarádka, pár bloků od mé koleje. Usoudila jsem, že když si zdřímnu, kamarádka zanedlouho přijde, a pomůže mi domů.

Čirou náhodou ji však předběhl jiný „kamarád", kluk, kterého jsem znala už od prváku. Patřili jsme všichni ke stejné partě. Pil s námi v hospodě a všiml si mě po cestě domů. Když mi tudíž nabídl pomoc, nic mě nenapadlo. To je právě ono – nic mě nenapadlo. Dále už jen vím, že jsem se probudila v jeho posteli, nahá a zděšená. Vůbec jsem si nepamatovala, co se stalo, ale bylo to jasné. Běžela jsem jako o závod do koupelny, udělala jsem, co jsem mohla, abych se dala do pořádku, a bleskurychle jsem odtamtud zmizela. Ani jsem tomu klukovi nestačila vynadat.

Byla jsem zahanbená, cítila jsem se trapně a zmateně. Bylo to znásilnění? Možná. Asi jsem se příliš opila, a proto jsem si nepamatovala, jestli jsem byla svolná. Snad. Ať tak či onak, ten kluk zneužil situace. Byl to mizera, ale nic jsem s tím neudělala. Měla jsem o sobě tak nízké mínění, že jsem se bála vyvolat nějaký rozruch. Místo toho jsem se tomu mizerovi po celý zbytek studia vyhýbala, abych se tak nedostala do nějakého střetu. Nenáviděla jsem představu, jak bych vypadala, kdyby tenhle incident vyšel najevo, a tak jsem ho vypudila alespoň na čas ze své mysli.

Spousta žen, které se ocitly v podobné situaci, pravděpodobně reagovala stejně jako já. Je lépe nechat to být, nemluvit o tom. Ale způsob, jak jsem se zachovala, byl pro mě podstatný, jelikož to nebyl můj styl. Alespoň jsem si myslela, že to není můj styl. A přesto jsem si to nechala líbit. Stáhla jsem se. Nechtěla jsem dát tomu klukovi najevo, co si o něm myslím, protože bych přitom musela přiznat, co se stalo. A já jsem na sebe nechtěla upoutávat ničí pozornost.

Začala jsem přemítat, zda tohle bude můj životní rys: stáhnout se, nechat si všechno líbit, nevzdorovat. Nebylo by mi to podobné, vždyť jsem vždycky věřila tomu, že nás charakterizují naše skutky, nikoli naše názory.

Také mě začínalo veslování vyčerpávat. Zabíralo mi teď tolik času… to ovšem vždycky. Skutečným problémem bylo, že už mi nepomáhalo. Bývala doba, kdy se zdálo, že veslování nabízí řešení: Dodávalo mi sebedůvěru, zdroj skutečné pýchy a rovněž mi poskytlo větší kontrolu nad postavou než kdy předtím. To však nestačilo, pořád jsem byla posedlá hlídáním váhy. Stále jsem byla značně nespokojená se svým tělem, jenž mi bylo dáno do vínku – stejným pocitem jsem trpěla i tehdy, když jsem své tělo vytvarovala, jak to šlo nejlépe. Zdálo se mi, jako bych hledala ta nesprávná řešení. Velmi dlouho mi připadalo, že ze mě veslování činí lepšího člověka, ale najednou jsem měla pocit, že ze mě dělá někoho horšího.

Kdybych nechala sportu, mělo by to pro mě nedozírné následky. Moje stipendium by se rozplynulo. Důležitější však bylo, že jsem o sobě nesmýšlela jako o někom, kdo hází flintu do žita – stejně tak jsem se nepovažovala za někoho, kdo mlčí v případě zřejmého znásilnění –, a přesto jsem opět zvolila alternativu, kterou jsem u sebe s nevolí pokládala za příznačnou. Avšak v tomto případě jsem skutečně cítila, že potřebuji naprostou změnu. Víc než to, toužila jsem po životní rovnováze. Veslování je sport extrémů.

Věděla jsem, že kdybych skončila s veslováním, vypnula bych svůj stroj na spalování kalorií. Už bych se nemohla spoléhat, že mi veslování zachová ideální váhu. Stal by se ze mě opět obyčejný člověk, který bojuje se svou váhou.

Začala jsem však také přemýšlet o budoucnosti. Nemusela jsem být příliš všímavá, abych pochopila, že profesionální ženské veslování neskýtá příliš mnoho možností. Budu si muset *něco* najít. A to brzy.

Rozhodla jsem se vrátit se do posledního ročníku a vložit do studia srdce i duši. Léto mi pomohlo překonat napětí nahromaděné za šest let, které jsem věnovala sportu. Milovala jsem svůj oddíl a věděla jsem, že mi to ještě rok vydrží.

V podstatě jsem začala cítit, že můj život potřebuje nějakou důkladnou reorganizaci. Musela jsem prolomit kruh, v němž jsem vězela. Domnívala jsem se, že by mi pomohlo, kdybych nechala veslování, ale jsem moc ráda, že jsem vydržela – veslování bylo takříkajíc mým trvalým ochranným štítem. Ke změně mělo dojít, ale ne tím, že zanechám něčeho, co v mém životě působilo tak pozitivně. Měla jsem po krk svého příšerného vztahu k jídlu i toho, jak mi ten problém pronikl do všech oblastí života. Věřila jsem, že pro začátek musím mít na sebe vyšší nároky – byla jsem úplně na dně a myslela jsem si, že právě to prospěje novému startu.

Zamyšlení

Je přirozené chtít ze svých trablů vinit někoho jiného, činit zodpovědnými ty druhé – zvlášť v případě neradostného dětství. Zbavit se viny se zdá být spravedlivé a logické: Nebyly bychom tak nemožné, kdyby s námi zacházeli jinak, kdyby to a ono v dětství nebylo.

Dlouho jsem ze svých problémů s jídlem a váhou obviňovala Billa. Bez jeho vlivu bych neměla tak negativní postoj ke své postavě. Netrpěla bych takovými pokřivenými stravovacími návyky. Tak nějak jsem uvažovala.

Možná byl Bill vinen, možná ne. Možná bych skončila stejně, i kdyby mě nechal, abych si poradila sama. Kdo ví! Co na tom záleží? Mohla jsem zbytek svého života strávit utápěním se v sebelítosti a v pokryteckém rozhořčení a výčitkách. Jenže k čemu by to bylo? Kam bych se s tím dostala? Poctivě vzato upřímně věřím, že to Bill myslel dobře. A určitě se soužil svými vlastními běsy, vlastní posedlostí svou váhou a stravovacími návyky. Jeho způsob výchovy měl co dělat víc s ním samým než se mnou.

A hlavně: jestliže věřím, že ovládal mé rané mládí, proč bych mu měla ochotně obětovat i zbytek života? Přesně to bych udělala, kdybych zůstala vězněm jeho obav.

Podle mého názoru se přijetím role oběti nedá vůbec nic získat. Jedna věc je snažit se pochopit, jak se stalo, že jste takové, jaké jste, vystopovat kořeny svého přesvědčení, ale jedině máte-li v úmyslu ho změnit, poznat minulost a smířit se se svým životem. Jinými slovy: Ohlédněte se, ale nedívejte se moc upřeně.

Myslela jsem si, že jsem vyvázla z Billova vlivu, když jsem nastoupila na univerzitu. Veslování mi dodávalo pocit ohromné moci. Třebaže moje cesta nepřestala být trnitá, cítila jsem se svobodně. Ve skutečnosti jsem však zůstala uvězněná v jeho smýšlení. A byla jsem vězněm dobrovolným. Využívala jsem veslování k dosažení toho, co byly v podstatě Billovy cíle – či alespoň cíle, jež jsem Billovi už dávno přiřkla.

Nebydlela jsem s Billem pod jednou střechou už roky, ale i po všech těch letech jsem mu dovolila zadarmo přebývat v mé hlavě. Bylo na mně jednou provždy ho vystěhovat. A dokud ho nepřestanu činit zodpovědným, pravděpodobně se ho nezbavím. Nemůžete něco opouštět, a zároveň na tom lpět. Mohla bych Billa obviňovat stále, ale pořád budu měřit metr osmdesát. Pořád budu vážit pětasedmdesát kilo. Mohla bych se nechávat zaplavovat pocity neštěstí, zmírňovanými jedinou útěchou: že vím, čí je to vina. Anebo bych mohla zkrátka akceptovat, že jsem z nějakých důvodů dospěla do tohoto bodu. Zůstanu stejná, nebo se změním?

Věděla jsem, že se chci změnit. Jen jsem nevěděla jak. Uvědomovala jsem si pouze, co nefunguje. Toho budu muset nechat a zkusit něco jiného. Cítila jsem se úplně na dně, tudíž jsem usoudila, že není jiné cesty než vzhůru! Možná to zní velice negativně, ale ve skutečnosti to bylo nesmírně osvobozující. Neměla jsem co ztratit. A tak jsem se rozhodla důkladně popřemýšlet o svém příštím kroku a pak ho uskutečnit. Soustředím se na usilování o něco, nikoli na výsledky. A když se mi nebude líbit, kam to povede, pokusím se o něco jiného.

Vím, že je těžké být houževnatá. Věřte mi, když jsem absolvovala univerzitu, nebyla jsem příliš optimistická v tom, že se můj emocionální stav natrvalo zlepší. I když jsem se však necítila v jádru optimisticky nebo radostně, stále jsem chápala, že mou jedinou skutečnou možností je učinit pozitivní kroky jiným směrem. A dokonce i když jsem tuto ideu nedokázala zastávat vědomě, nepřestávala jsem ony kroky podnikat.

K přeměně a růstu osobnosti dochází pouze tehdy, když trable vyplývající z dané situace jsou větší než trable vyplývající ze změny. Já jsem do tohoto bodu rozhodně dospěla. Bylo mi zkrátka bídně a byla jsem unavená z toho, že je mi bídně a že jsem unavená. Chystala jsem se z toho vykřesat.

7

Úpornost

Stále jsem se velice zajímala o kariéru ve sdělovacích prostředcích. Rozhodla jsem se učinit kroky, které by mi nakonec dopomohly k zaměstnání v televizi. Ve svých nejdivočejších snech jsem se stále upínala k práci Johnnyho Carsona, ale věděla jsem, že existuje spousta jiných reálných míst, která by mě velmi uspokojila.

V rámci letní praxe po předposledním ročníku jsem poslala žádost o práci praktikantky do WTVH-TV, syracuské pobočky CBS. Tím začnu, řekla jsem si.

Věděla jsem toho opravdu hodně o sportu, ucházela jsem se tedy o místo ve sportovní redakci. Sportovní zpravodaj mi bohužel vzkázal, že nechce ženskou asistentku. Zjevně v této stanici nikdy neměli ve sportovní redakci žádnou praktikantku, a kdybych to nebyla já, možná bych se porozhlédla jinde. Já jsem se však nehodlala nechat tak snadno odbýt. (Maminka mě poučila o rovnosti pohlaví.) Zavolala jsem přímo onomu sportovnímu zpravodaji a oznámila mu, že netoužím po ničem lepším, než mu nosit celé léto kávu, a předpokládám, že budu první ženou, s níž bude spolupracovat. Smál se, ale volné místo stejně neměl.

„Mohla bych se ozvat znovu?" zeptala jsem se, protože jsem ten kontakt nechtěla ztratit.

„Jak myslíte," odvětil.

„Prvního příští měsíc by bylo příliš brzy?" nadhodila jsem.

„Prima," řekl a z jeho tónu jsem poznala, že nečeká, že o mně ještě uslyší.

Jak jsem slibovala (či vyhrožovala), volala jsem mu prvního v měsíci – celých příštích deset měsíců, dokud mi dost nerad nenabídl práci na léto po předposledním ročníku. (Někdy se vyplatí někoho otravovat.) Měla jsem v plánu pracovat tři čtyři dny v týdnu v televizi, přitom chodit na jeden přednáškový kurz ve škole a začít se těšit na bezstarostné léto: žádné veslování, žádné trable...

Práce začala z velké části tak, jak jsem očekávala. Zpočátku se skládala ze spousty běhání pro kávu a xeroxování, ale nakonec jsem se dostala i k nějaké zpravodajské práci, napsala jsem několik kratších reportáží, tu a tam vybrala nějaký úryvek. Práce děvečky pro všechno nikdy nekončila, ale dokázala jsem se dozvědět i něco o práci reportéra, o sestavování zpráv a o živém vysílání. Pokládala jsem správné otázky těm správným lidem. A stal se ze mě nadšenec. Když zase začala škola, byla jsem přesvědčená, že televizní zpravodajství je pro mě to pravé místo.

Začala jsem se ucházet o všemožná místa ve sdělovacích prostředcích, ale ve skutečnosti jsem neměla kvalifikaci ani na jedno z nich. Nemohla bych si dovolit absolvovat univerzitu při zaměstnání, ostatně ani další studium by ze mě nezbytně neučinilo lepší kandidátku. Zároveň jsem ovšem příliš nedychtila po návratu domů ani po nějakém začátečnickém místě v Houstonu.

V podobné situaci se ocitla spousta mých kamarádů. Seděli jsme dlouho do noci, naříkali nad nepřátelským trhem práce a snažili se přijít na způsoby, jak si nemuset vydělávat na živobytí. Pár z nás napadlo vyrazit do Kalifornie. Byl to báječný nápad: Pokud jsem se chtěla pokusit udělat kariéru v televizi, existovala i horší místa než Los Angeles. A tak jsem po promoci zamířila se skupinkou přátel rovnou do Města andělů.

První, co jsem v L.A. udělala, bylo vyšlapání cestičky k Johnnymu Carsonovi: Ucházela jsem se o místo hostesky v NBC. Počítala jsem s tím, že když jednou vkročím do dveří, za pár měsíců ze mě bude moderátorka. Nejdřív jsem se ovšem musela dostat přes ženu, jejímž úkolem bylo sedět za ohromným psacím stolem, kouřit carltonky a zuřivě odhánět otravnou mládež, jako jsem byla já. Měla na starosti pracovní rozpis hostesek u slavné NBC a nikoho nepřijímala. Zatím.

Mezitím jsem nastoupila do nedalekého obchodu s obuví a vybavila se pro zdejší životní styl. Přizpůsobila jsem se okamžitě. Dopřála jsem si ty nejlepší kolečkové brusle, jaké jsem si mohla dovolit, a začala se prohánět po celém městě. Na auto ani na kolo jsem neměla peníze a hromadná doprava byla fraška, potřebovala jsem tedy nějaký prostředek k přemísťování. Brusle byly senzační alternativou: jen při nákupech nastávaly trochu potíže.

Bože, jak já byla těch prvních pár měsíců v L.A. šťastná. Bylo to úžasné. Bydlela jsem s dobrými kamarádkami, měla jsem prima partu a cítila se naprosto skvěle. Milovala jsem všechny ty lidičky, co pojídali ekologické potraviny, to, jak každý usiloval o soulad se svým tělem. Milovala jsem každodenní jízdu do práce na kolečkových bruslích, prodávání hezkých bot hezkým lidem. Milovala jsem pobyt na slunci, sportování po svém, podle vlastního rozvrhu. Jedna z báječných věcí v L.A. bylo to, jak tam na pláži byli všichni neuvěřitelně zdraví, upřímní a otevření novým myšlenkám. Lidé hovořili o svých problémech beze strachu z následků nebo pocitů viny či smutku. Zdálo se mi to jako nový úsvit. To místo v sobě mělo nesmírnou energii a mé dny vyplňovala naděje, radost a vědomí spousty možností. Nic mě nemohlo srazit na kolena. Všechny ty pomíchané signály o tom, jak vypadám, které jsem se snažila zpracovat, se začaly rozplývat. Nemyslela jsem na to, jestli tloustnu nebo hubnu. Jedla jsem, co jsem chtěla – co jsem cítila, že *potřebuji* – a sportovala, když si o to tělo řeklo. Co na tom, že jsem prodávala boty, abych se uživila? Žila jsem, to bylo hlavní.

Po několikaměsíční kalifornské idylce mi do obchodu zatelefonovala žena z NBC. Měla pro mě práci hostesky s nástupem nazítří. Mám ještě zájem? Zavěsila jsem s myšlenkou: *Nuže, můj život začíná.* Bylo to, jako by se nebesa rozestoupila a svět se přestal točit. Chystala jsem se vstoupit na scénu.

Celou noc jsem cítila, že se nacházím před branami čehosi důležitého. Někteří lidé si pomyslí, že hosteska v NBC je ta poslední z posledních. Po pravdě řečeno to nebylo o moc lepší než být průvodkyní v Disneylandu nebo v Universal Studios. Neplatili nám skoro nic a zacházeli s námi jako s nickami, které se chtějí podobat hvězdám šoubyznysu. Ale já jsem měla pocit, že jsem přesně na tom správném místě, kde mám být. Právě tohle jsem chtěla – pobývat v blízkosti tvůrčího procesu, vidět televizi zevnitř. Dokonce se mi zamlouvala i představa, že budu nosit uniformu. Až přijde správná chvíle, mohla by se dostavit i nějaká příležitost.

Jak se ukázalo, můj první den v NBC byl opravdu významný. Jen jsem se mýlila v tom, čím.

To ráno vedoucí rozdali všem ostatním dívkám uniformy velikosti osmatřicet a čtyřicet. Moji velikost neměli, tedy nejprve. Zřejmě do NBC jako hostesky nastupovaly jen dívky s velikostí osmatřicet až dvaačtyřicet – nebo alespoň většinou –, dokud jsem se neobjevila já. Zase znovu jsem vzala na vědomí nevyřčené sdělení, že jsem příliš velká, že se nikdy nepřizpůsobím. Nebylo tu pro mě místo.

Mé nové kamarádky poznaly, jak mě ta chvíle pokořila, a vykládaly mi, jak se mám, že nemusím nosit tak ohavný oblek. Přesto si své uniformy oblékaly s pyšným úsměvem na rtech. Bylo od nich milé, že se snažily, abych se cítila lépe, ale jejich dobře míněná neupřímnost bila do očí. Uniforma pro ně něco znamenala, právě tak jako pro mě znamenalo něco to, že jsem ji neměla. Lámala jsem si hlavu, jestli tam vůbec někdy zapadnu. Připadalo mi, jako bych *tam* už vždycky málem byla, ale nikdy jsem *tam* úplně nedorazila. To nebyl jen Bill. Celý svět nebyl připraven mě přijímat takovou, jaká jsem byla.

A pak se stalo něco zajímavého. Něco významného. Rozčílila jsem se. Skutečně jsem se rozčílila. Zlobila jsem se víc než kdy dřív. Nastala chvíle, kdy jsem si řekla: Jsem pekelně naštvaná a už to déle nevydržím. Nezačala jsem křičet. Jsem si jistá, že moje kolegyně a vedoucí neměli ani ponětí, co si myslím, a odzbrojující bylo, že někdo nakonec někde vykutal oblek velikosti čtyřiačtyřicet, který mi byl ovšem stále příliš malý. V rozmezí mezi dvěma možnostmi: mít co na sebe a nemít co na sebe, jsem prošla proměnou. Dospěla jsem k poznání. Jako by celý můj život směřoval k tomuto okamžiku a já konečně pochopila: Nebyla jsem špatná já. Nebyla jsem nepatřičná já. To svět – od Billa až po NBC – byl špatný, že mě nepřijímal. A tenhle logický závěr jsem si vzala k srdci. Až dosud jsem byla přesvědčená o vlastní nevhodné tělesné stavbě natolik, že jsem nepotřebovala, aby mi to někdo dával najevo. Nuže, součástí tohoto statu quo už být nehodlám! To nečekané poznání mě tak rozčílilo, že jsem málem neviděla. Pocítila jsem závrať, uvnitř jsem se však cítila posílená. A to poznání mi dodalo nejen sílu – ale i odvahu. Věděla jsem, že od této chvíle budu žít svůj život s novým elánem. Uniforma, do níž jsem se mezitím vtěsnala, byla skoro vedlejší. Skutečně důležité bylo, že si musím pro sebe udělat prostor. Nemohu posedávat kolem a čekat, až mi ostatní svět dovolí vstoupit. Cítila jsem se jako Dorotka v *Čaroději ze země Oz*, který pro mě ve svém černém váčku nic neměl. To, co jsem potřebovala, jsem musela nalézt sama v sobě.

Jakmile jsem měla příležitost, zašla jsem do studia Tonight Show. Bylo to časně ráno mého druhého dne v práci. Studio bylo prázdné. Prošla jsem oponou na místo v popředí scény, kde Johnny Carson každou noc pronášel svůj monolog k milionům lidí.

Mysleli byste, že po incidentu z předešlého dne bych měla být na svém místě hostesky šťastná – měla bych být ráda, že mě nevyhodili, protože jsem se nevešla do uniformy. Měla jsem však stále tu novou představu. Proto jsem necítila vděk, že smím vstoupit do prostor budovy, ale byla jsem stále plná naděje a odhodlání a stále jsem usilovala o Johnnyho místo. A možná jsem mířila ještě výš.

Zamyšlení

My nejsme druhořadí občané. Těžko se mi věří, že je třeba to říkat, ale je to tak. Příliš velká část světa se stále staví proti nám. Ještě stále svět vysílá příliš mnoho signálů o tom, že se nikam nehodíme, že nikam nepatříme. Je na nás, jak je přijímáme.

Pravděpodobně se změníme dřív my než svět. Ono břímě tedy spočívá na nás. Svět bude dál vydávat své poselství: Jste nevhodné. Je na nás, abychom toto poselství odmítly. Musíme se snažit nedovolit, aby nás sráželo na kolena.

Nejspíš nedokážeme pohnout světem – alespoň podle mého názoru ne dost rychle! –, pořád ale můžeme pracovat na sobě. To nás zavádí zpět k otázce stanoviska. Stanovisko se dá vypěstovat. Dá se zformovat tak, aby vyhovovalo našim potřebám. Nebojte se hovořit samy k sobě. Někdy přece potřebujete trochu povzbudit, kdo by to zvládl lépe než vy samy?

Nerozpakujte se říci si, že nesprávně smýšlejí ti druzí. Proč tak rychle přistupujeme na to, že se mýlíme my?

Anebo se na to podívejte takhle: Pamatujete se na toho sportovního zpravodaje, který si zvykl nespolupracovat se ženami? Jsem si jistá, že se cítíte stejně rozhořčené jako já, kdykoli k takové diskriminaci ženského pohlaví dojde. Jenže, co kdybych vám řekla, že ženy přijímal, ale jen ty s velikostí nejvýš dvaačtyřicet? Pobouřilo by vás to stejně? Mělo by. Mělo by vás to pekelně rozzuřit. A už byste si to neměly nechat líbit.

Ve skutečnosti není tohle poselství tak křiklavé. Vezměte si třeba ty uniformy. Našim vedoucím bylo skutečně líto, že nemají uniformu v mé velikosti. Mohla bych říci, že z toho měli špatný pocit. Poselství však zůstává stejné, i když je zahalené do omluv. *Je mi líto, ale vy se prostě nehodíte…* Možná to není zlý úmysl, ale účinek je stále tentýž. Proto buďte ve střehu. Dávejte si dobrý pozor. Dokud nás zbytek světa nepřijme mezi sebe, budeme se muset mít stále na pozoru.

8

Nový začátek

Asi po roce zvídavých toulek zákulisím a vysedávání v hledišti při natáčení soutěžních pořadů jsem shledala, že stále víc a víc přemýšlím o tom, jak se dostat do televizního zpravodajství. Být hosteskou v NBC byla ohromná zábava, ale většinou právě jen – zábava. Nebyla to skutečná práce a rozhodně jsem tam nemohla setrvávat navěky.

V televizním zpravodajství to chodí tak, že začnete od ničeho a postupujete výš. Pro novináře, kteří vystupují na obrazovce, to znamená řadu dvouletých tažení po čím dál větších stanicích – například stěhování z města s pár obchody do města s letištěm, dál do města s jedním sportovním stadionem a potom do města s několika letišti a několika stadiony. Po pěti šesti zastávkách se možná ocitnete v New Yorku, Los Angeles nebo v Chicagu, postupujete-li ovšem stále výš.

Vložila jsem všechny své peníze do demo nahrávky své zpravodajské práce, zhotovila čtyřicet kopií a držela si palce, aby vyvolaly nějakou odezvu. Svůj bankovní účet jsem vyškrábla až na dno, ale snažila jsem se tím nezabývat. Abych zlepšila své šance, rozeslala jsem žádosti hlavně do sesterských stanic NBC s domněnkou, že obálka se zpáteční adresou této televizní společnosti možná zanechá větší dojem než samotná nahrávka.

Moje strategie tak úplně nezapůsobila. Během následujících několika týdnů jsem nasbírala třicet osm odmítnutí – a dvě nabídky! Ředitelé zpravodajství ve stanicích NBC v Palm

Springs v Kalifornii a ve Flagstaffu v Arizoně nalezli v mé nahrávce dostatečné zalíbení, aby mi nabídli místo reportérky všeobecného zpravodajství. Palm Springs slibovalo prosluněný život v nicotnostech, spousty historek o slavných lidech a pravděpodobně velice málo solidní reportérské práce. Zato Flagstaff, to bylo něco jiného. Nikdy jsem v podobném městě nežila. Dědeček z matčiny strany mi vyprávěl, že pocházíme částečně z indiánského kmene Čerokézů. Když jsem teď měla možnost žít v oné části země a poznat kulturu Navahů a Hopiů, skočila jsem po tom. Kdybych byla ve své analýze trochu větší machiavelista, uvědomila bych si, že by práce v nóbl prázdninovém středisku, kde hybné síly Hollywoodu občas při rekreování zvednou hlavu a zhlédnou místní zprávy, byla pro mé úsilí lepší reklamou. Já jsem to však takhle neviděla. V Palm Springs bych měla snadnou práci, Flagstaff představoval náročný úkol. Zvolila jsem si obtížnější dráhu.

Chtěla jsem v sobě objevit něco nového, prosadit se. Možná jsem se také chtěla vrátit do státu, kde je poušť, abych zjistila, zda tam mohu být šťastná. A tak jsem si sbalila svých pět švestek, druhý den ráno jsem si u McDonalda koupila kávu do kelímku a dala Kalifornii sbohem.

Přísahám, že jsem nevěřila, že to zvládnu. Byla to moje nejdelší jízda autem do úplně neznámého prostředí. Byla jsem z nového začátku na vlastní pěst v cizím městě neuvěřitelně nervózní. Když jsem tam konečně dorazila, zhrozila jsem se. Všude kolem mě se rozkládalo nekonečné nic – ohromný prázdný prostor! Byla tu všehovšudy jedna širší ulice s množstvím obchůdků a bufetů a jinak nic.

Našla jsem si společné bydlení s místní manikýrkou, z níž se vyklubala jedna z mých nejlepších spolubydlících. V krušných dobách mě naučila jíst brambory a makarony se sýrem. Bohužel krušné časy nastaly okamžitě. Můj plat představoval s bídou jedenáct set dolarů, což tenkrát v roce 1987 nestačilo na slušnější živobytí ani v takovém Flagstaffu. Byly týdny, kdy jsme neměly k jídlu o mnoho víc než škrobovou vodu obarvenou trochou vařené zeleniny. Měla jsem peníze stěží na benzin – do svého otlučeného auta jsem vždycky natankovala jen jeden galon (necelé čtyři litry).

Zrovna tak krušné chvíle jsem zažívala v práci. Lidem v KNAZ-TV chvíli trvalo, než ke mně pocítili sympatie. Dívali se na mě jako na primadonu z L.A. se spoustou vlivných přátel v televizní společnosti. Byli samozřejmě úplně vedle, ale to jim nebránilo, aby takový dojem měli. Byla jsem také asi o hlavu větší než všichni ostatní. Právě v téhle stanici pracovali samí velmi malí a drobní reportéři a já jsem se mezi nimi vyjímala jako Daryl Hannahová ve filmu *Útok obryně.* Noví kolegové mě časem přijali, ale já jsem se nikdy nezbavila pocitu, že tam nezapadám. Přesto jsem však právě v televizi objevila zásadní skutečnost: Nezáleží na tom, jestli je člověk velký nebo malý, na obrazovce vypadáme všichni stejně.

Ještě dlouho trvalo, než jsem s odstupem času přišla na to, že vzhledem k nedostatku sebevědomí ohledně svého vzhledu je kariéra v televizi podivnou volbou. Při mém tehdejším rozpoložení mysli by vás asi nenapadlo, že se rozhodnu pro oblast, kde budu tak na očích. Nikdy jsem si to nespojila. Domnívám se, že kdesi v hloubi duše sídlilo mé zdravé já odmítající přijmout překážky k vytoužené kariéře.

Problém v nové práci tkvěl v tom, že se mi moc nedařila. Při psaní konceptu vysílání jsem se dost trápila. Byl to základ, ale já jsem s ním zápasila celé hodiny. Jednou mi vedoucí zpravodajského oddělení vytáhla stránku z psacího stroje a roztrhala ji. Umíte si představit, jak to nováčka znervózní? Byla však v právu. Stále mi při psaní chybělo tempo – a v dobré zpravodajské novinařině je tempo důležité. Vedoucí se mě snažila uklidnit radou, abych psala tak, jak mluvím. Nakonec jsem to zvládla.

Zůstala jsem skoro dva roky – asi tak dlouho, jak by reportér na takovém mediálním trhu, jakým byl Flagstaff, měl zůstat. Tehdy jsem pracovala ve všeobecném zpravodajství a zabývala se nevýznamnými zajímavostmi v oblasti služeb. Zjistila jsem, že dávám přednost klidnějším reportážím před zpracováváním kriminálních činů a místní politiky, ač byl Flagstaff tak ospalé místo, že se tam příliš špatných zpráv nevyskytovalo. O víkendech jsem konferovala talk show a měla jsem příležitost dělat rozhovory s různými zajímavými místními lidmi. Moderovala jsem počasí a v pořadu „Dnes" jsem mívala aktuální krátké vstupy. Dělala jsem trochu od všeho, ale do hlavních zpráv jsem se nikdy nedostala. Z nějakého důvodu lidé, kterým ta místa ve studiu patřila, nezameškali nikdy ani jediný den.

Při moderování zpráv o počasí se mi stala nehoda. Předpověď jsem musela odříkávat před ohromnou magnetickou mapou Spojených států a trvalo mi několik dní, než jsem se před ní cítila klidně. Tehdy se strhla hotová katastrofa. Ještě před vysíláním jsem na celou zemi musela rozmístit magnetická sluníčka a mráčky spolu s teplotami, o nichž jsem pak při svém vstupu referovala. Neodhadla jsem však správně místo, kde mám u mapy stát. Jednou večer jsem se otočila, abych ukázala na blížící se frontu, a vrazila do mapy takovou silou, že všechny mé magnetky spadly na zem. To musel být pohled – a samozřejmě jsme vysílali živě. Všichni ve studiu vyprskli smíchy, ale mně se podařilo se ovládnout. Jen jsem se podívala do kamery a pravila: „Řekla bych, že teplota na celém území prudce poklesla."

Přestože jsem se předvedla jako nemehlo, byla jsem na sebe pyšná, jak jsem dokázala svůj první pracovní debakl zvládnout. Jako asi nejstatnější moderátorka počasí, jakou kdy měli, jsem mohla propuknout v pláč. To, že jsem místo toho zavtipkovala, bylo pro mě znamením, že můj kladný postoj k vlastní osobě roste.

Několik měsíců jsem pracovala v pořadu „Dnes" a to bylo nejspíš moje profilově nejvyšší postavení v této stanici, ale vstávala jsem se slepicemi – v půl páté ráno! Možná jsem před kamerou vypadala skvěle, ale při tomhle vstávání můj společenský život nebyl tím, čím býval v Kalifornii. Být prominentní osobou v malém městě je tak nějak skličující. Všichni jako by mě znali, ale já neznala nikoho. Nikdy jsem si na to docela nezvykla. Nepovažovala jsem se za nějakou celebritu, ale domnívám se, že tam jsem jí byla. Připadala jsem si však od lidí spíš vzdálenější než uznávanější.

Musíte mít svou práci skutečně rády, když vydržíte takovou příšernou pracovní dobu za tak mizerný plat a dokážete se pohybovat v bizarním lesku maloměstské slávy. Tajům vystupování v televizi a dokonce i časovému režimu jsem se sice přizpůsobila, ale nedostatek peněz mě vyčerpával. Sehnala jsem si druhé zaměstnání jako cvičitelka v místní tělocvičně, jen abych měla na zaplacení všech účtů. Celou tu dobu jsem pracovala až sedmdesát hodin týdně, a když jsem se zahleděla do budoucnosti své televizní kariéry, neviděla jsem mimo Flagstaffu nic moc jiného. Jako u všech ostatních z televizních zpráv z malého města dostaly se i moje nahrávky do větších stanic, ale žádná nabídka mi nepřišla. I kdyby se nějaké možnosti naskytly, neměla bych před sebou nic než další dvouletou šichtu za pár šupů v nějakém o trochu větším městě.

Potřebovala jsem plán. Najednou mi v hlavě vzklíčil zárodek nápadu. Už od střední školy mi kamarádky říkaly, že bych měla dělat modelku. Občas mi to říkali i cizí lidé. Vždycky jsem to považovala za velký kompliment, ale nikdy jsem to nebrala vážně. Zdálo se mi to pořádně přitažené za vlasy. Vážila jsem asi pětasedmdesát kilo a počítala jsem, že bych musela shodit tak dvacet kilo – na těch správných místech! –, než by mě nějaká agentura vůbec pustila do dveří. A stejně jsem v tom neviděla žádný smysl. Komu by se chtělo být manekýnou? Tenkrát mi modeling připadal nicotný. Jenom tak postávat a usmívat se. Co na tom bylo podnětného?

Když jsem bydlela v Kalifornii, nechala jsem se přesto přemluvit k pózování pro pár snímků pořízených fotografy z NBC. Myslela jsem si, že je rozešlu a uvidím, co se stane. Mohla jsem si to domyslet. Snímky obličeje byly skvělé, ale když agentury spatřily tělo, které k němu patřilo, neměly zájem. Ve svých odmítavých odpovědích byly laskavé: „Nejste náš typ“, nebo „Nejste typ, který právě hledáme“. Dostalo se mi sdělení: Jsi příliš velká na to, abys odpovídala ideálu. Jsi příliš vysoká, příliš těžká, příliš…

Nemohu říci, že mě to překvapilo.

Zanedlouho jsem se doslechla o nové kategorii modelingu. Kamarádka kamarádky právě nastoupila do prestižní agentury Ford modeling v New Yorku, do oddělení větších velikostí. Kdo věděl, že taková věc vůbec existuje? Vyptala jsem se na podrobnosti: Chceš říct, že bych nemusela ani trochu zhubnout? Vzali by mě takovou, jaká jsem? A kolik se tam vydělává? Myslela jsem si, že žertuje. Při měsíčním platu jedenáct set dolarů mi suma sto padesáti dolarů za hodinu připadala jako všechny peníze světa.

Usoudila jsem, že když se mi v televizi nic slibného nenaskýtá, mohla bych se pokusit o kariéru modelky. A tak jsem se do toho pustila. Sehnala jsem si místo sekretářky u newyorské investiční firmy – za dvojnásobek svého platu ve Flagstaffu! – a měla v úmyslu využít část volného času na to, abych zjistila, jak to v modelingu chodí a jestli se pro mě opravdu hodí.

Zamyšlení

Nevím, proč jsem nikdy svou statnou postavu nepokládala za důvod vyhýbat se práci před kamerou. Byla jsem rozhodnutá pracovat ve vysněném oboru a myslím, že jsem svůj vzhled zkrátka nepovažovala za odstrašující. Po pravdě řečeno jsem své cíle nikdy neposuzovala podle toho, jak vypadám. Prostě jsem chtěla pracovat v televizních novinách a šla jsem si neochvějně za tím. Přes všechny své potíže v dětství jsem nikdy neměla pocit, že nic nedokážu. Tvrdá práce ani nejisté šance mě neodrazovaly. Tato víra v sebe pravděpodobně pramenila z mých raných let s matkou, naplněných pochvalami, z veslování a z toho, že jsem vyrůstala v poušti. Ať už to bylo cokoli, věděla jsem, že když o něco budu hodně usilovat, může se to uskutečnit.

Chci, abyste pochopily, že jsem vědomě nepopírala zdravý úsudek tím, že jsem si hledala práci, pro niž jsem možná viditelně neměla předpoklady, ale prostě jsem věřila v praxi. Chystáme-li se zbavit jha obecného pojetí ideálu a normy, měly bychom zároveň začít odmítat způsoby měření.

Můžete začít se svou váhou.

Byla jsem zvyklá žít v hrůze z vah. Mezi Billovým děsivým vážením a strachem z každodenního vážení ve veslařském oddíle jsem se trápila tím, že jsem svou cenu poměřovala podle své váhy. Vzpomínám si na doby, kdy jsem propadala depresi, pakliže jsem překročila svou s nadějí očekávanou váhu o jediné kilo. Když jsem párkrát dosáhla svého cíle nebo vážila míň, byla jsem nadšená – dokud jsem do příště opět nepřibrala.

Vím, že v tom nejsem sama. Nejsem jediná žena, jejíž duševní stav závisí na váze.

Proč váze přisuzovat takovou moc? Je to měřítko, ale jen jedno z mnoha – pouze získalo příliš velký význam v životech mnoha lidí.

Už se nevážím, dokud nemusím. A už nezkoumám své tělo před zrcadlem posedle zaujatá každou „problémovou" partií.

Neznamená to, že bych byla ke svému tělu slepá, jen používám jiná měřítka.

Moje oblečení a zásoba energie mi nejlépe napovědí, jak připadám ostatnímu světu a jak se cítím. Už tolik nestřežím svou váhu, ale hlídám si dvě oblasti, které mohu lépe kontrolovat: stravu a cvičení.

Jsme-li opravdu takové, jaká je naše potrava, existuje tedy tím větší důvod se usilovně zamyslet nad tím, jak se stravujeme. V současné době jím, když mám hlad, a moje strava je bohatá na ovoce, zeleninu, těstoviny, rýži, luštěniny a obiloviny. Zjistila jsem, že toto je potrava, kterou mé tělo potřebuje, aby co nejlépe fungovalo. Neznamená to, že bych si nikdy nedopřála žádnou sladkost či jinou vysoce kalorickou pochoutku, ale snažím se dosáhnout rovnováhy. Také jsem přestala pít kávu s kofeinem, kterou jsem mívala moc ráda.

Co se týče cvičení, i tady se snažím nalézt rovnováhu. Nejsem po něm posedlá a na rozdíl od doby, kdy jsem závodně veslovala, usiluji o rozmanitost. Chodím, jezdím na kole, pěstuji pěší turistiku, běhám, plavu... dělám všechno, při čem se mi rozbuší srdce. Nemusím být mistryně světa a dřít do úmoru, abych viděla výsledky, a když mám moc práce, mohu klidně jeden den (nebo tři!) vynechat. Hlavní věc je, že potřebuji své tělo vystavovat pravidelným zkouškám, abych ho udržela v co nejlepší kondici a vypadala co nejlépe. Mým cílem je zdraví a vitalita, nikoli nedosažitelné štíhlé tělo.

Naučila jsem se oslavovat splnění malých předsevzetí, která si dělám každé ráno. Když dokážu vstát časně a zajít si před prací na hodinu jógy, projít se nebo si zajezdit na kolečkových bruslích, když dokážu projít kolem kavárny bez náznaku znepokojení, když mohu sáhnout do skříně s jistotou, že plavky z loňského léta mi ještě budou, pak vím, že si vedu dobře. A také vím, co dělat, když trochu přiberu – aniž bych z toho šílela, naštěstí! Když si udržuji svůj režim a respektuji vyváženou stravu a tělesný pohyb, nepotřebuji si stoupat na váhu, sahat po krejčovském metru či podstupovat potupnou prohlídku ve velkém zrcadle.

Za nějakou dobu potom, co jsem se stala modelkou, jsem si slíbila, že napravím své stravování, že vezmu zodpovědnost za to, co jím, do vlastních rukou. Vyhodila jsem všechny přípravky na hubnutí, které si našly cestu ke mně domů, a když jsem jimi naplnila dva pytle na odpadky, cítila jsem, že mi z ramen spadla ohromná tíha. Byl to velice hmatatelný pocit, ale přece jen jsem měla zároveň strach. Nacházela jsem se sice v ničivém koloběhu svých stravovacích návyků, ale bylo to to jediné, co jsem znala. Představa, že jdu svou vlastní cestou, mě děsila, i když jsem věděla, že se touto cestou vydat musím.

Mohu vám říci, že tohle bylo nejlepší rozhodnutí, jaké jsem kdy učinila. Tehdy jsem poznala rozkoš sebeovládání. Nic jako „špatná" jídla neexistuje, ale určité pochoutky vyžadují, aby se přidělovaly omezeně a je nutné s nimi zacházet opatrně. Toto uvažování chce svůj čas, ale já jsem se konečně zbavila toho vyšinutého způsobu myšlení zaměřeného na diety, který vládl mým stravovacím návykům od nepaměti. Je ohromně osvobozující moci jíst, když máte hlad. Když jsem byla schopna to tak dělat, zjistila jsem, že si dodávám živiny, a ne že se tím, co jím, šidím.

A *cítila* jsem se mnohem lépe než předtím, kdy jsem přesně věděla, kolik vážím a kam přesně se tato váha soustřeďuje.

Ach, ta odporná váha v koupelně, zdroj tolika mých pubertálních pocitů úzkosti. Když jsem byla malá, měli jsme tu nejlepší – jednu z těch strašidelných lékařských vah, jaké byly mimo ordinaci doktorů jen málo k vidění. Byla horší než všechny smyšlené příšery číhající pod mou postelí. Právě na téhle váze mě rodiče neustále vážili a zanášeli mou váhu do diagramu na zdi. Toužila jsem tehdy po obyčejné nožní váze s nejistou, rozechvělou ručičkou – a možností různé interpretace naměřené hodnoty.

Bylo zvláštní, jak dospívání změnilo způsob, jakým jsem přistupovala k pravidelnému vážení. Chlapci, které jsem znala, to měli snadné. Když dosáhli puberty, všichni jejich váhové přírůstky vítali, dokonce je v tom podporovali. Ale my dívky jsme věděly, jak je životně důležité si svou váhu hlídat. Každý měřitelný přírůstek způsobil poplach, zvláště jak jsme začaly dospívat. A představu nutnosti udržet si ideální váhu nám nevnucovali jen rodiče, vnutily jsme si ji samy. Když jsme se vážily ve škole, pozorovaly jsme jedna druhou a porovnávaly. Znám jednu ženu, která se tomuto utrpení pečlivě vyhýbala. Byla o tolik statnější než její kamarádky, že by nesnesla srovnání, a tak si vždycky, když se na školním rozvrhu objevila lékařská prohlídka, našla nějaký důvod zůstat doma.

Dnes vidím totéž zas a znovu ve zdravotních střediscích a tělocvičnách. Měly bychom už být všechny rozumnější, ale nemůžeme si pomoci. Bedlivě pozoruji, jak se lidé vyrovnávají s problémem, který tak dlouho sužoval i mě. Někteří na sobě nemají ani ručník, nejspíš ze strachu, aby nevážili víc. Každá žena zná nějaký malý úskok, jak si váhu vylepšit. Některé se váží na špičkách a myslí si, že snad takhle budou lehčí. Některé stojí na pružné plošině nakloněné vpřed, jiné vzad. Viděla jsem, jak některé ženy při vážení vydechnou. A mohu říci, že jsou verdiktem vah ohromně zaujaté. Vím, jak se jejich tvář rozzáří, když se váhy ustálí na přijatelné hodnotě, anebo jak sestupují z váhy s výrazem takové sklíčenosti, až máte pocit, že jim právě někdo předpověděl jen půl roku života.

Viděla jsem jednu ženu, jež se během jednoho cvičení převážila třikrát. Třikrát! Zvážila se, když přišla, celá oblečená, zvážila se svlečená po osprchování a pak ještě jednou, když se oblékla a chystala se odejít. Pokaždé k váze přistupovala, jako by jí měla sdělit něco důležitého.

Vím, že když jsem se vážila doma u kamarádky v době, kdy jsem lpěla na své rutině, vždycky jsem si dělala starosti ohledně přesnosti váhy. Domnívám se, že tohle občas dělá spousta z nás. Lidé nechávají své váhy nastavené tak, aby vážily méně nebo více, a když si nedáte pozor, zdánlivě „zhubnete" třeba o pět kilo. Takovou váhu „odhalíte" dost brzy. Celá ta zkušenost se podobá milionové výhře v loterii, o níž jste se dozvěděli, že bude rozdělena na milion částí.

Zde je tedy mé řešení: Pojďme všichni ven pohřbít své váhy a všechno, co představují. Proč ne? A mám na mysli pořádný obřadný pohřeb s chvalozpěvy a se vším všudy. Najděte si pěkné místečko, vytáhněte lopaty a doopravdy poctivě tyhle vyděrače pohřběte. Obujte se do toho. Utápí-li se vaši přátelé ve stejném víru, pozvěte i je. Připravte si pár vhodných slov na rozloučenou nebo třeba i epitaf na náhrobní kámen. Symbolika je důležitá. Koneckonců, co pro většinu z nás váhy představují? Prohru. A neexistuje lepší způsob, jak prohru překonat, než ji pustit z hlavy.

Pakliže bez váhy nemůžete žít, a já vím, že se tak cítí stovky žen, kupte si novou a ta nechť reprezentuje váš nový přístup. Používejte ji jako nástroj a starou váhu pohřběte společně se starými představami, které se k ní vážou.

Měla jsem se váhy zbavit dávno předtím, než jsem to udělala. Samozřejmě jsem k tomu měla dost příležitostí. Při každém stěhování – do nového města či nového bytu – jsem zdědila novou váhu nebo jsem si koupila svou vlastní. Nevím, proč jsem se pořád podřizovala téhle rutině, ale dlouho jsem na tomhle přístroji skutečně lpěla. Bylo to dávno předtím, než jsem nalezla odvahu si důvěřovat, než jsem si uvědomila, že vše, co potřebuji, je přijímat vhodnou potravu a tekutiny a udržovat si aktivní životní styl.

Dnes už tím skutečně nejsem posedlá. Díky pevnému odhodlání, které jsem načerpala v knihách a ve svém vlastním nitru, jsem skoncovala s tím sebenenávistným jednáním, kdy jsem se štípala do břicha a třásla si stehny, abych viděla, jestli jsou ochablá nebo pevná. Spíš než dietní ukazatel je to záminka, jak propadnout panice. Místo výčitek jsem si domlouvala, ať už mě trápilo cokoli. Nevoďte se za nos: mysl a tělo velice úzce spolupracují, obzvlášť v této oblasti. Dejte si na čas a své trable si důkladně promyslete. Své myšlenky si zapište do deníku a čas od času se k nim vracejte. Někdy jsem na své tělo chrlila spoustu zloby a jen díky tomu, že jsem o tom přemýšlela a psala, dokázala jsem si to uvědomit a bojovat s tím. Když poznáte své vlastní chování, budete žasnout, jak se dokážete měnit.

Nyní jsem duševně i fyzicky vyrovnaná se stavem, kdy *cítím*, že jsem o trochu těžší než obvykle. *Vidím*, jak mi nepadnou šaty, *cítím*, že nejsem v nejlepší kondici. Vím, že když se naučíte si důvěřovat, budete to umět také. Zapracujete-li na sobě tak jako já, poznáte, kdy se cítíte příjemně, co je pro vás to pravé, a budete vědět, jak vyrovnávat hladinu stresu a energie, abyste mohly podávat efektivní výkony.

To mě přivádí k jednomu závěru. Rozhodnete-li se vyhodit svou váhu a místo toho se zaměřit na vhodnou výživu a tělesný pohyb, musíte svůj nový režim spojit se zdravou dávkou trpělivosti. Změna je obtížná a opravdová změna – taková, která se má stát návykem – je pomalá. Trpělivost je v rozporu s očekáváním okamžitých výsledků, ale zde je opravdu na místě. Z trpké zkušenosti vím, že nebudete-li trpělivé, pravděpodobně podlehnete pocitům zklamání a vzdáte se příliš brzy. Se správnou dávkou trpělivosti budete mít dost času dosáhnout čehokoli.

9

Ano, jsem opravdová modelka!

Moje stěhování do New Yorku bylo v jistém ohledu velice šťastným skutkem. Poskytlo mi příležitost navázat znovu známost s jedním ze svých skvělých spolužáků z univerzity. Tak začala pohádka mého života.

Phil byl fantastický kluk. Na škole jsme vždycky byli jen kamarádi – dobří kamarádi, ale v našem přátelství nebylo nic jiného. Po promoci jsme zamířili každý jinam. Věděla jsem však, že žije v New Yorku, a když jsem se tam dostala, hned jsem ho vyhledala.

Phil byl stejně nápaditý, zábavný a spolehlivý, jak jsem si ho pamatovala. Byl hrozně milý, ale měřil stejně jako já a vážil nanejvýš sedmdesát kilo. Zkrátka pro někoho jako já se nehodil. Nebo jsem si to alespoň myslela.

To mi připomíná další aspekt velikostní diskriminace. Touto diskriminací můžeme být vinny stejně jako zbytek světa. U Phila jsem vinu nesla skutečně já. Jelikož byl vysoký jen jako já a hodně hubený, vyřadila jsem ho z okruhu svých potenciálních nápadníků. Dokonce když mě začal přitahovat, zpočátku jsem svou náklonnost k němu odmítala. Zkrátka jsem si nás nedokázala spolu představit.

Phil si ohledně výšky dělal menší starosti než já. Přijímal mě přesně takovou, jaká jsem byla, mnohem snadněji než já jeho! Jsem šťastná, že vám mohu sdělit, že jsem to překonala. Díky Philovi to nebylo těžké. Po pravdě řečeno, naše těla se k sobě hodila báječně – ať už jsme tančili, procházeli se po ulicích nebo se milovali.

Čím nám bylo příjemněji spolu i s našimi přáteli, tím víc jsme odmítali lidské předsudky o tom, jak by „měl" vypadat pár. Není to žádná legrace si tenhle názor nechat líbit, a tak jsme si to líbit nenechali. Jsme asi stejně vysocí, ale já ráda nosím podpatky. Philovi to nevadí, vlastně mě v tom podporuje. Boty na podpatku jsem si vzala i na naši svatbu a on se objevil v cylindru. Připadalo mi to prostě dokonalé.

Čím víc jsem se seznamovala s modelingem, tím víc jsem zjišťovala, že bych měla začít u nějaké menší agentury. V roce 1989 bylo odvětví módy větších velikostí tak nové, že většina agentur – Wilhelmina, Elite, Zoli – teprve musela přemýšlet, co s tím. Zatím ho ještě vynechávaly. Ani Ford ještě neměl mnoho zkušeností. Ale pak se mi do rukou dostal článek o jedné agentuře propagující módu větších velikostí, která jako jedna z mála kromě agentury Ford měla k podnikání v této oblasti vše potřebné. Podle článku hledala ředitelka agentury nový talent, a tak jsem ze šatníku vytáhla svůj nejlepší kalhotový kostým, přepásala ho silným páskem z lakované kůže, vlasy jsem si vzadu stáhla do pevného uzlu a naplánovala si, že se tam stavím během polední přestávky. Nikomu, ani Philovi, jsem neřekla, kam se chystám. Někdy se vyhnete zbytečnému tlaku, když něco neoznámíte předem.

Neměla jsem ani ponětí, co mohu očekávat – ani co vlastně hledám. Mám dojem, že jsem jen chtěla prozkoumat terén, zjistit, jakého se mi dostane přijetí. Chtěla jsem se dozvědět, zda je u někoho, jako jsem já, kariéra modelky skutečně možná, než do této představy investuji příliš mnoho nadějí.

Vstoupila jsem do strohé recepce, vyzdobené fotografiemi krásných, statných žen. Recepční vzhlédla, aby mě pozdravila. Podle výrazu její tváře zřejmě nevadilo, že nemám sjednanou schůzku.

„Bože můj," vydechla. „Jste naprosto dokonalá. Nikam nechoďte. Chci, aby se na vás někdo podíval."

To se povedlo.

Recepční poslala pro agentku – jednu z klíčových postav

módního průmyslu, profesionálku, která shání klientům modelky – a ta nadšení recepční sdílela. Vysvětlila mi, že její šéfová je právě někde na obědě, ale měla by se brzy vrátit. „Nevadilo by vám, kdybyste počkala?" zeptala se. „Byla bych moc ráda, kdyby se s vámi setkala. Bude z vás mít ohromnou radost."

Ona? A co teprv já? „Jistě," řekla jsem a snažila se zůstat klidná. „To není problém."

Prosím vás, jak často slýcháte, že jste naprosto dokonalá? Neměla jsem v úmyslu opustit tuhle scénu, dokud se nedozvím, co ještě může přijít. Čekala jsem na vedoucí jen asi patnáct minut, ale za tu dobu už jsem se trochu nechala unést. Představovala jsem si svou kariéru topmodelky. Seděla jsem tam a přemýšlela: *Jsem tady, v agentuře pro modelky, a čekám na šéfovou.* Začalo to jako střízlivá schůzka a teď jsem cítila, jak hořím vzrušením. Myslím, že jsem se začala potit.

Když se vedoucí agentury konečně objevila, můj vzhled ji skutečně upoutal. Nevím, jestli ze mě měla ohromnou radost, já z ní rozhodně ano. „Nic neměňte," řekla a v těchto slovech jsem nalezla ohromné povzbuzení. Poprvé v životě se mi někdo podíval přímo do očí a pochválil mé tělo. To nebyla žádná planá lichotka. Newyorčané jako tato žena neměli na plané lichocení čas.

Jedna část mého já se vždy obávala dne, kdy se uvidím očima někoho jiného, zaujatýma vrtkavými předsudky. A teď tohle. Tato žena na mě hleděla a neviděla žádné kazy. Byla jsem přesně ta pravá. Srdce mi bušilo závratí. Jestliže ve mně krátký pohovor dokázal vyvolat tak úžasný pocit, pak modeling bude nepřetržité radostné opojení.

Byla bych se měla v modelingu teprve všechno naučit, ale neměla jsem na to vůbec čas. A navíc tu bohužel nebyl nikdo, kdo by mě učil. Agentura mě prostě vrhla do pracovního procesu, jak se to v téhle branži běžně dělá. Špičkoví fotografové mají svůj způsob, jakým hrají na modelčiny city, aby v ní vzbudily dojem, že je tím nejúchvatnějším stvořením, jaké kdy sedělo před fotoaparátem. Já jsem se však pohybovala v takovém oboru, kde jsem s tímto kalibrem profesionálů do styku moc nepřišla. Díky tomu jsem byla hodně nepoučená. O pózování a různých fíglech jsem nic nevěděla. Nevěděla jsem, co s rukama. Nevěděla jsem ani, jak se mám usmívat. Myslela jsem si, že to vím, ale měla jsem tendenci předvádět ony koňské, přehnaně zářivé úsměvy. Ve skutečnosti to vypadalo jako normální úsměv, ale na fotografiích to působilo přemrštěně. Profesionální úsměv fotomodelky se podobá spíše lehkému úsměvu mírně podbarvenému úsměškem a zkušeným pohledem. Vůbec to není přirozený úsměv, alespoň ne pro mě. Široké úsměvy byly namístě, když jsme byly na pláži nebo skotačily v podzimním listí, ale abyste prodaly elegantní šaty, musíte nasadit elegantní světácký úsměv. Ten můj vyžadoval práci.

Zpočátku jsem uměla pouze jediné – zabalit si „modelingový kufřík" – poté, co jsem se dozvěděla, co to vlastně znamená. Lidé z agentury byli natolik laskaví, že mě do toho zasvětili. Pověděli mi, jaká si mám vzít líčidla (podkladový make-up, pudr, oční stíny, korektor pleti, rtěnku, řasenku), jaké punčochy (silné neprůsvitné, tenké průsvitné a podkolenky, všechny v hnědé, černé a tmavě modré barvě) a jaké boty (dvoje černé-jedny nízké, jedny na podpatku – a dvoje hnědé – opět jedny nízké a jedny na podpatku). Poradili mi, že si mám přibalit dentální nit, krém na nohy a holicí strojek pro případ, že bych předváděla spodní prádlo. A vycpávky! To byl největší paradox v předvádění módy větších velikostí. Všechny dívky nosily na bocích a na hýždích vycpávky, abychom vypadaly ještě mohutněji!

Moje úplně první práce byla pro síť diskontních obchodních domů. Měl se nafotit reklamní leták do nedělních novin. Zákazník na mě oblékl a zase ze mě svlékl patery šaty za hodinu. Musela jsem si na sebe brát ty příšerné nadměrné polyesterové haleny, vskutku vhodné jako domácí oděv – kdybych se ocitla v blízkosti cigarety, vzplála bych jako pochodeň. Za první hodinu jsem si vydělala stopětadvacet dolarů, nic víc – všechno trvalo jen jedinou hodinu. Šlo to jak na běžícím pásu. Honili nás z šatny do šatny, aby se jim vynaložené peníze vyplatily.

Pohybovala jsem se tak nevzrušeně, jak jen to šlo, ale bylo těžké nekulit oči úžasem. Zdálo se, že ve studiu vládne ohromné vzrušení. Měla jsem na jazyku milion otázek už před začátkem a milion potom, ale odpovědi na ně musely přijít až se zkušeností. Dokud se tak nestalo, bylo to vyloženě trapné. Při prvním záběru mi jedna z děvčat navrhla, abych si chvíli nacvičovala pohyb a pózování před zrcadlem, abych porozuměla všem stránkám své tváře i těla. Zkoušela jsem to a připadalo mi to užitečné, ale nikdo mi neřekl, že se musím přestat hýbat, aby fotograf mohl pořídit snímek. Proč by mi měli říkat něco tak zásadního? Vždyť jsem přece profesionální modelka, neníliž pravda?

Ano, je to tak.

Došlo to až tak daleko, že fotografova asistentka musela odpočítávat: „Raz, dva, tři, cvak," aby mi naznačila, kdy cvakne spoušť fotoaparátu. Málem jako by mě žádala, ať řeknu: „Sýr!" Panebože, to byla ostuda.

S trochou tréninku se můj projev před fotoaparátem samozřejmě zlepšil, ale tehdy na počátku jsem si myslela, že jsem zoufale nemožná. Je to div, že jsem vůbec dostala další práci.

Od chvíle, co mi ředitelka agentury řekla, ať na sobě nic neměním, jako by se zemská osa posunula, a najednou se tu pro mě našel prostor. I když jsem už v otázce sebeuznání mířila správným směrem, musím přiznat, že tímhle se celá věc s konečnou platností vyřešila. Když jsem teď šla kolem zrcadla, skutečně jsem se cítila skvěle. Z nějakého důvodu se mi to, že mě zaměstnali jako modelku pro větší velikosti, jevilo jako definitivní uznání. Naštěstí jsem si to nemyslela moc dlouho.

Jedna poznámka o modelingu: I když vás váš vzhled živí, musíte si v tomto směru vypěstovat pořádnou hroší kůži. Při práci každou chvíli slyším o svém zevnějšku nějakou nelichotivou poznámku. Není to nic osobního. Někdy zkrátka nejsem pro určitou práci ta pravá. (Naštěstí většinou ta pravá jsem – tak akorát, abych se dobře uživila!) Pokud jde o mě, poslouchat o sobě často velice přímočaré názory mi připadalo jako naprosté osvobození od předsudků. Nikdy jsem si ze žádné jednotlivé poznámky příliš nedělala. Ze zkušenosti vím, že dnešní úsudek se zítra docela jistě změní v opak.

A tak mě možná paradoxně modeling dovedl k pravdě, již jsem celou dobu tušila: Moje vědomí vlastní hodnoty musí vycházet zevnitř. Nemůže být založeno na tak proměnlivém aspektu mé osobnosti, jakým je váha. Byla to dlouhá cesta za něčím, co se snad podobá zcela evidentní pravdě, ale jedna věc je si pravdu uvědomit a uznat, docela jiná věc je však s ní žít a cítit ji vnitřně.

Díky modelingu jsem se dozvěděla ještě jednu pravdu, kterou jsem měla tušit. Statné ženy nejsou jediné, které žijí ve vězení špatných představ o svém těle. Spousta „normálních" modelek – modelek s velikostí osmatřicet až čtyřicet – se cítí ve svých tělech stejně nejistě, jako jsem se dlouho cítila já.

Občas přemýšlím o vší té kolektivní energii, úsilí a trápení, které ženy věnují svým postavám. Představte si, čeho bychom mohly dosáhnout, kdybychom všechnu tuhle snahu zaměřily jinam. Jsme hmotné bytosti, proto se vždy budeme muset o svá těla starat, ale existuje rozdíl mezi zdravou péčí a posedlostí, mezi harmonií a extrémy. Kdyby se mi mělo splnit jedno přání, přála bych si, abychom tuto harmonii, tento pocit patřičnosti, nalezly my všechny. A pak bychom všechnu zbylou energii a úsilí směřovaly k úkolům, které jsou skutečně závažné – v našich životech i ve společnosti.

V počátcích své kariéry modelky jsem si umanula, že místem, kam se chci dostat, je agentura Ford, asi tak, jako jsem se kdysi zhlédla v televizní stanici v Syracuse a později v NBC. Musela jsem se ale vypracovat, abych lidi od Forda zaujala. Po půlroce vytrvalé práce, která zahrnovala i mou první reklamu v celonárodním měřítku, si mě Ford konečně všiml.

Díky Fordu jsem získala svou první práci v exteriéru. Bylo to pro velkou síť obchodních domů Foley's z jihozápadu. Snímky se dělaly v Texasu. Klient nás poslal letadlem do Houstonu a pak jsme jeli do Lareda.

V modelingu je všechno posunuté o šest měsíců dopředu. V létě se fotí zima, v zimě léto, aby se vyhovělo dlouhým lhůtám zpracování katalogů a měsíčníků. Tudíž se právě při této zakázce v letním žáru fotila kolekce pro zimní katalog. Stály jsme uprostřed bizoní pastviny, ve vlněných podkolenkách, tlustých manšetrových kalhotách a kovbojských vysokých botách jsme se potily jako blázni a snažily se setřást ze šatů kolonii červených mravenců. Bylo přes čtyřicet stupňů

Celsia, v karavanu nebyla klimatizace ani voda na spláchnutí toalety. Bylo takové vedro, že nám nedržel make-up.

Nikdy mi z mysli nevymizí obrázek, jak stojím na té pastvině, oblečená do zimy, zatímco z vyschlých plání stoupá žár, a pózujíc vedle stáda bizonů, pokouším se zachovat si zbyteček důstojnosti. To všechno patří k fascinujícímu světu špičkového modelingu! Za svou námahu jsem si však vydělala slušné peníze (mzdu za celé dva dny práce a za půlden cestování).

Toto první fotografování v exteriéru bylo památné i tím, že jsem se díky němu ocitla opět v okruhu působnosti svého otčíma. Dlouho jsem otálela, než jsem Billovi o své práci modelky řekla, a když jsem se k tomu konečně dostala, zdálo se, že ho to nechalo chladným. Nikdy mi neřekl, že je na mě hrdý, že se mu zdám krásná nebo že je dobře, když se statné ženy představují tak pozitivním způsobem. Nic takového. A přesto když jsem ho při zpáteční cestě z Lareda neohlášeně přepadla, zažila jsem povzbudivé překvapení. Na Billově konferenčním stolku ležel stoh mých časopisů, aby si je mohli hosté prohlédnout. Málem jsem se rozplakala. Vždycky jsem si myslela, že Bill nikdy o modelingu nemluvil z nezájmu, a přece se o mou kariéru zajímal natolik, že sháněl mé časopisy a vystavoval je na odiv. Rodinní přátelé mi stále tvrdili, že Bill je na mě pyšný, ale já jsem nikdy nezaznamenala nic, co by to dokazovalo. A teď přede mnou ležel důkaz, který jsem tak dlouho hledala. Kéž by mi to Bill dokázal povědět přímo. To však nebylo pravděpodobné. Z rozhovorů s přáteli jsem se dozvěděla, že pro mnohé rodiče je zřejmě velmi obtížné vyjadřovat uznání a chválit. Přesto se možná titíž rodiče svými dětmi ohromně chlubí, když to ony neslyší. Jaká škoda, jak pro rodiče tak i pro jejich děti, že radost z úspěchů nedokážou sdílet společně.

Zamyšlení

Vidět své časopisy na Billově konferenčním stolku bylo velmi příjemné, ale pocit největšího uspokojení z mé práce modelky vycházel ze skutečnosti, že postava jako ta moje může veřejně ztělesňovat alternativu k hluboce zakořeněnému ideálu, který v médiích kraloval už tolik let.

Ještě stále se mi dost často dostává nevěřících pohledů, když řeknu, že jsem modelka. Lidé si mě prohlížejí od hlavy k patě a myslí si, že si určitě dělám legraci. Vy? A modelka? No ano. *Opravdová* modelka, a navíc taková, co reprezentuje přes šedesát procent Američanek. Předvádění větších velikostí je stále ještě v plenkách, ale pomalu si získáváme viditelně příznivé přijetí ve světě reklamy – a já doufám, že i u veřejnosti. Přemýšlím, zda by se pro mě něco změnilo, kdybych v době dospívání mohla vídat v reklamách a médiích postavy, jako mám já.

Pokládám si tu otázku proto, že většina mladých lidí, s nimiž jsem hovořila o jejich představách o vzhledu a kondici, se trápí stejně jako já. Řekla bych, že devadesát procent teenagerů, které jsem poznala, znepokojuje to, jak jsou zobrazováni v časopisech, které čtou, a v televizních pořadech, které sledují. „Nikdo nevypadá jako já, Emme," slýchám. „Proč v *Cosmo* nebo v Melrose Place nevidíme víc silnějších holek?" „Jak se mám cítit dobře, když jsou všechny o tolik hubenější?"

Je to těžké, já vím, ale musíme postupně přemoci převládající ideál a objevit ten svůj. Anebo můžeme dospět k poznání, že svůj skutečný obraz v zrcadle masových médií nikdy nespatříme. Bylo by snadné ukázat prstem třeba na vedení hollywoodských ateliérů a odsoudit jej za to, že propaguje tak nedostižný vzor, ale je skutečně na nás – na rodičích i dětech, abychom tuto filmovou iluzi odhalili, chápali ji jako neuskutečnitelnou a neobdivovali se jí právě proto, že se filmovým hrdinům nepodobáme. Kéž dokážeme odmítat nemožné ve prospěch možného. Rozhodujme si samy o svém vkusu i o svém osudu.

Módní průmysl se omlouvá vysvětlením, že móda je móda a že předvádění módního zboží na těch nejatraktivnějších tělech, jaká mohou najít, je jen projev zdravého smyslu pro obchod. To není žádná omluva, ale z úzkoprsé perspektivy účetních je to obrana, jakou potřebují. Ano, budou se hájit: Chceme prodávat šaty ve větších velikostech, ale když náš výrobek vypadá nejlépe v malých velikostech, pak dáme do reklam právě ty. Vy přece také natřete dům, když ho chcete prodat, že ano?

Jejich situaci dokážu pochopit, ale my musíme naopak pochopit, že svět módy není realita. Prodávají nám iluze oblečené do šatů, a když to jednou přijmeme jako skutečnost, můžeme začít přijímat jejich agresivní prodejní techniku takovou, jaká je, a navíc se budeme cítit o trochu lépe. Myslím, že máme povinnost dohlédnout na naši mládež a zabránit tomu, aby měla pocit, že s ní tvůrci image manipulují. Nevezmou-li tuto zodpovědnost na sebe lidé od reklamy a mediální bossové, pak to pro ty mladé budeme zkrátka muset udělat my.

Mojí nadějí je, že rozšíření modelingu větších velikostí a všeobecné přijetí alternativ k převládajícím představám o ženské kráse nám pomůže spatřit v časopisech i v televizi celou škálu „preferovaných" typů postav. Takový pokrok nastolí skutečné osvobození od tyranie štíhlého ideálu.

Před pár lety požádali mou kamarádku o spolupráci na článku s názvem: „Skvělé americké tělo" pro časopis *American Health (Americké zdraví).* Moje kamarádka byla jednou z pěti vybraných (rekreačních, nikoli profesionálních) sportovkyň. Ostatní ženy reprezentovaly celou paletu sportů – a paletu tělesných typů. Byla tam hodně vysoká ramenatá cyklistka, malá hráčka raquetballu, vyznavačka aikida středně velké postavy, plavkyně a ektomorfní běžkyně, jejíž postava se nejvíce blížila ideálu v naší kultuře.

Smyslem článku byl názor, že neexistuje jednotné „skvělé americké tělo". Ženy zde zobrazené byly všechny zdravé a plné života, ale jen jedna měla postavu, která odpovídala typu, jaký zřejmě vídáte ve většině reklam. Každá žena v tomto článku měla váhu přiměřenou své postavě a tělesnému typu.

Domnívám se, že tohle je směr, jakým je třeba se dát: v duchu moderní doby ochotně přijímat rozmanitost tělesných typů, než trvat na jediném ideálu – ideálu, který pro většinu zůstane v podstatě nedosažitelným.

Chcete-li se snažit vylepšit si postavu, chcete-li se mírnou dietou a cvičením propracovat k ideálu, naléhavě vás prosím, abyste se předtím, než se do svého plánu pustíte, upnuly ve svých představách na vhodný „ideál". (Dokonce váhám, zda vůbec použít výraz „ideál", jelikož se bráním jeho vžité jednoznačnosti.) Objevte to *své* skvělé tělo. Přijměte skutečnost předepsanou vaší výškou, kostrou a tělesným typem. Snažte se odhadnout, jaký typ jste. Oceňte jeho klady a, ano, i krásu. Nepodaří-li se nám takové vhodné „skvělé tělo" poznat dřív, než o něj začneme usilovat, budeme odsouzeny k nezdaru a následnému trýznivému sebeobviňování.

10

Předvádím, co jsem zač

V lednu 1994 se vydavatelé časopisu *People* rozhodli, že je načase, aby ve svém výročním přehledu „padesáti nejkrásnějších lidí na světě" uvedli modelku větších velikostí. Fantastický nápad – a nepochybně už dlouho potřebný. Fakt, že tak oblíbený časopis s takovou oblibou a tradicí jako *People* směřuje tam, kam my, silně naznačovalo měnící se klima. Nadchlo mě to.

Rychle se rozneslo, že *People* hledá do svého výročního čísla vhodnou modelku větších velikostí. Být vybrána do tohoto čísla znamenalo už pro pár dosud neznámých „normálních" modelek slušný postup v kariéře, proto tato zpráva způsobila v oboru propagace větších velikostí pořádný rozruch.

Vydavatelé časopisu začali tím, že si vyžádali k nahlédnutí naše materiály. A vyptávali se: Byly bychom k dispozici na propagační akce? Hovořily bychom do tisku o svém životě? Uvažovaly bychom o pózování nahé?

Mí agenti z agentury Ford byli nadšení, když jsem uspěla v prvním kole výběru, ale já jsem se držela při zemi. Časopis *People*? A já? Mezi nejkrásnějšími lidmi na světě? Než jsem se nechala strhnout svými emocemi, připomněla jsem si, že stejně nemám moc velkou šanci vyhrát. Také mě trochu znepokojovala ta záležitost s akty, ale soudila jsem, že časopis *People* nejspíš nezmění své zásady a na svých stránkách nezveřejní úplně nahou ženu. Krom toho spodní prádlo jsem už předváděla předtím, a nebylo to nic těžkého.

Přesto jsem nebyla připravená, když jsem dostala dobrou zprávu: *People* si vybral mě!

Na fotografování jsem se dostavila v šatech a luxusním spodním prádle – s nadějí, že se nebudu muset příliš odhalit, ale s důvěrou ve vývoj událostí. Theo Westenbergová, jedna ze špičkových fotografek v oboru, chtěla, abych pózovala jako ležící odaliska. Poslala mě nahoru se nalíčit. Za chvíli za mnou přišla a prohlédla si mě. „Emme," řekla, „budeš si muset svléknout úplně všechno."

„Dobře," odpověděla jsem co nejklidněji, „žádný problém." Pak mi to došlo: *Říká do naha, Emme. Budeš tu nahá, docela nahá, nahánahánahá.* Jedna věc byla nasadit neohrožený výraz, něco jiného však svléknout si poslední kousek oblečení v místnosti plné cizích lidí – ať už je ten poslední kousek sebenepatrnější. Přemýšlela jsem, jestli by mi to vadilo méně, kdybych se podobala klasické krásce, ale na mně toho bylo mnohem *víc* než klasická krása.

Nicméně jsem vyklouzla ze svého prádélka, zhluboka se nadechla a vkráčela do studia nahá jako v den, kdy jsem se narodila. Když jsem si trochu zvykla, takové utrpení to nebylo, vlastně jsem to pustila z hlavy. Studio bylo pro všechny krom nezbytného personálu zavřené a všichni byli tak ohromně starostliví a nadšení tím, jak vypadám, že jsem si nemohla pomoci a poddala se tomu. A všechno bylo velice důstojné. Vlasy jsem měla sčesané dozadu do pleteného naolejovaného uzlu zdobeného korálky a ležela jsem natažená na divanu pokrytém hedvábnými prostěradly a rozkošnými polštářky. Cítila jsem v sobě smyslnost a naprostý soulad se svým tělem. Přenesla jsem se do jiného času a prostoru. Dočista jsem zapomněla na tu hrstku lidí, kteří se točili kolem a trápili se s osvětlením a celkovým uspořádáním. Vedle stály dokonce teplomety, aby mi nebyla zima. I na ty jsem klidně zapomněla.

Po třech hodinách jsem vykročila do pokojného ticha únorové sněhové přeháňky a v břiše jsem cítila nervózní rozechvělost. Pamatuji si, jak mě napadlo, že ten sníh byl seslán, aby mi usnadnil přechod zpět do současnosti.

Neměla jsem žádné zkušební snímky, jen pár fotek z Polaroidu, které potvrzovaly, že se všechno odehrálo s taktem a elegancí. Vzala jsem je domů ukázat Philovi. Líbily se mu, ale myslím, že ani jeden z nás si plně neuvědomoval, jak na nás zapůsobí, až se časopis objeví na stáncích. Snažili jsme se na to nemyslet. Za několik měsíců, jedno čtvrteční odpoledne, nám vydavatelé poslali domů deset signálních výtisků a my jsme ten balík roztrhali, jako by byly Vánoce. Otevřeli jsme vrchní výtisk a tam jsem byla já – provokativně položená přes celou dvojstranu, v celé škále barev, s pštrosím peřím zlehka se vlnícím u boku.

Málem jsem se nepoznala.

Nestačilo nám prolistovat jeden časopis. Museli jsme rozevřít každičký z nich a pokaždé, když jsem spatřila svůj obraz, vyrazilo mi to dech. Tedy své podobizny jsem viděla v celostátních časopisech i předtím – už jsem se párkrát ocitla na titulních stranách –, ale tohle bylo něco jiného. Tohle jsem byla já, obnažená, v časopise, který četl téměř každý, koho jsem znala. Byla jsem to já, v čekárnách u lékařů a na letištích a ve stojanech u pokladen v supermarketech všude po celé zemi. Byla jsem to JÁ!!!

Musím říci, že to byl úžasný snímek – zabraný zezadu s pohledem stranou přes rameno – a byla jsem z něj ohromně šťastná, ale teprve tehdy jsem si uvědomila, co jsem udělala. (Panebože, co jsem to udělala?) Odhalila jsem celému světu svou nahotu, předvedla jsem, co jsem zač, se vším všudy. Theo Westenbergová odvedla skutečně vynikající práci. Podařilo se jí zachytit opravdovou krásu ženských tvarů, ale já jsem nedokázala přestat myslet na to, že jsem se právě podělila o své intimní soukromí s miliony lidí.

Phil a já jsme listovali těmi signálními výtisky tolikrát, že jsme vzniklým větrem ochladili vzduch snad v celém okolí. Pak jsme se rozběhli k novinovým stánkům po městě a skoupili celé stojany, hned jak jim toto vydání přišlo. Někde jsme časopisy brali rovnou v balících z náklaďáků. Bylo to směšné. Chtěli jsme jich mít dost, abychom je mohli rozeslat všem našim přátelům – jako by si je nemohli koupit sami.

Byl to opojný okamžik. Nejúžasnější na tom bylo vidět svou dvojstránku mezi slavnými osobnostmi. Ta moje se nacházela po viceprezidentu Alu Goreovi (Alu Goreovi!) a před hvězdou

NBC News Mattem Lauerem. Hned pak následovali Meg Ryanová, Antonio Banderas, Denzel Washington... Páni! Dívala jsem se na ty krásné lidi a žasla, že někoho napadlo zařadit mě mezi ně. Doprovodný článek byl rovněž překvapivý – nic ze svých citů jsem neskrývala. S reportérem jsem hovořila na rovinu a věděla jsem, že se nahrává všechno, co říkám. Přesto mě přece jen překvapilo, co z toho do časopisu vybrali. Krátký článek o mně se zmiňoval o nuceném pravidelném vážení, které jsem jako dítě musela snášet, a o mém celoživotním zápase s přijetím svého vzhledu. Nebylo zrovna příjemné vidět se takto dvojnásobně odhalená, ale měla jsem dobrý pocit ze své fotografie i ze své veřejné zpovědi.

Uspořádala jsem na oslavu této události večírek. Do mého domu v New Jersey přišli přátelé a příbuzní, popíjeli jsme všichni šampaňské a radovali se z toho nečekaného štěstí. Phil nechal dokonce udělat zvětšeninu mé dvojstránky a pověsil ji u nás v chodbě, aby ji každý podepsal. Byl to bezvadný způsob uchování těch hezkých chvilek. Nějak jsem věděla, že po vydání tohoto časopisu můj život nebude stejný, a chtěla jsem na tomto prahu setrvat, dokud to šlo.

Redakce časopisu dostala stovky kladných ohlasů od čtenářů, z nichž většina vyjadřovala svou vděčnost za to, že se někdo s mými mírami podělil o svůj příběh a vyjádřil se tak otevřeně. Dva z dopisů dokonce otiskli v dalším čísle. Jeden, od čtenáře z Indiany, mě trochu usadil: „Sběratelé umění možná nahou Emme ocení, ale průměrný Američan chce v tomto čísle vidět tváře, nikoli panímandy. Myslím, že bych měl být ovšem vděčen za to, že takhle vyfotili ji a ne Ala Gorea."

No dobrá.

Byla jsem naprosto nepřipravená na ten příval pozornosti, který následoval. Objevily se žádosti o interview do spousty televizních a rozhlasových pořadů a celostátních časopisů. Klienti náhle hořeli touhou pracovat s tou plnoštíhlou holkou z časopisu *People*. Ženské spolky chtěly, abych u nich uspořádala přednášku. Každý tvrdil, že má na můj příběh jiný úhel pohledu, ale celkový dojem se shodoval s prostým, pozitivním poselstvím, jejž dvojstránka z „Padesáti nejkrásnějších lidí" zdůrazňovala: Buď sám se sebou spokojený bez ohledu na svou postavu. Každá odezva dokazovala, že lidé potřebují slyšet, co mám na srdci.

Dopisy se kupily dál – z celého světa, od mladých lidí i od dědečků a babiček, od žen v domácnosti i od vysoce postavených zaměstnaných žen – a po přečtení bylo jasné, že jsem na to „kápla". Všude žily ženy a zoufale hledaly vhodnou pozitivní představu o postavě, o niž mohou usilovat. Nechali se slyšet i muži, kteří ve mně viděli spřízněnou duši a symbol naděje. Ozvali se také lidé z branže – maskéři, jiné modelky, vizážisté, hlavně ti, kteří měli možná trochu nadváhu, pracovali v oboru, který zvěčňuje nedosažitelný ideál, a přitom se trápili problémy se svým vzhledem. Mnozí z mých kolegů z technického personálu mi děkovali za to, že jsem upozornila na naše společné zájmy. Mnozí další se mi svěřili, že si doma nechávají výtisk časopisu pro inspiraci.

Rozhodla jsem se, že se zasadím o to, aby se pořádně zatřáslo nedotknutelností některých našich ideálů, aby se zpochybnily některé z našich široce rozšířených představ o tom, co je krásné, zdravé a správné. Dala jsem dohromady názornou přednášku na téma fyzický vzhled a sebedůvěra pro středoškolské studenty a našla si čas, abych navštívila některé školy ve svém okolí. Oslovila jsem produkční různých talk show a organizátory seminářů, a když mě pozvali, abych promluvila, snažila jsem se hovořit co nejpřesvědčivěji.

A právě uprostřed tohoto dění a v takovémto rozpoložení mysli mi cestu zkřížila ona mladá dívka, a já jsem se rozhodla, že napíšu tuto knihu.

Nadešel čas, abych zformulovala své poselství. Nebo se o to alespoň pokusila.

Zamyšlení

Mění se naše pojetí krásy? Možná. Před deseti lety by vydavatelé časopisu *People* na dvojstránce statnou nahou ženu neuveřejnili, byť by byla modelkou. Ode dneška za deset let... kdo ví? Skutečný triumf přijde, až se taková fotografie objeví, aniž se nad ní zvedne příliš mnoho obočí – a když se to stane, tak proto, že modelka je nahá, nikoli proto, že je statná.

Ke skutečnému uznání jiných typů postav dojde, až se začnou objevovat v reklamách a nebudou tak nápadné. Přemýšlím, zda jednou bude možné, abych se objevila v reklamě vedle „normální" modelky, aniž si vysloužím víc pozornosti, než, řekněme, blondýnka vedle brunetky.

Nechci reklamě přikládat příliš velký význam, ale reklamy stále zůstávají přesným barometrem stavu společnosti jako celku. Přijetí v médiích může změnu jak signalizovat, tak i zahájit.

Mohu vám s hrdostí oznámit, že jsem na jaře 1996 dostala nevšední příležitost. Objevila jsem se po boku svých kolegyň normálních velikostí na ohromných billboardech na Times Square. Společnost Liz Clairborneové věnovala své kampani celou sérii billboardů: předváděla jsem modely s visačkou Elisabeth. Potěšilo mě, že to vzbudilo takovou pozornost. Značný rozruch způsobilo především to, že Times Square poprvé zdobila plnoštíhlá modelka. Skromněji řečeno, měla jsem tu čest být součástí tohoto pokroku. Těšila jsem se však, že se to při budoucích kampaních stane pravidelnou událostí a ne jen vzácnou výjimkou. Existuje totiž dost žen, které se s námi ztotožňují, je jich mnoho a utrácejí hodně peněz. Když už je řeč o rozruchu, nadměrnou pozornost tisku si téhož roku vysloužila i obálka časopisu *Sports Illustrated*, na níž se vedle sebe objevily bílá a černá modelka. Jenže k čemu všechen ten poprask? Proč by na jedné z nejlepších titulních stran roku nemohly vedle sebe stát běloška a černoška? Na pozornost tisku, které se děvčatům a časopisu dostalo, si však pravděpodobně nikdo nestěžoval. Něco vám povím, až změníme své názory my, reklama bude muset udělat totéž. Změna se blíží, a už je načase.

11

Sebedůvěra

Poznaly jste někdy někoho – nějakého muže či ženu –, z něhož vycházela zvláštní záře, sebedůvěra, která jako by vyzařovala z jádra jeho bytosti? Takoví lidé mají „něco" – něco, co dodává jejich jednání elán, nefalšovaný optimistický přístup k životu. Při bližším pohledu taková osoba třeba ani není atraktivnější či bystřejší než jiní, ale díky oné přirozené jiskře vyzařuje zvláštní přitažlivý půvab.

A naopak možná znáte někoho, kdo ač je velice atraktivní, jako by vysílal zápornou energii. Tento negativní náboj možná pramení z negativního postoje k vlastní osobě. A i když se tento postoj nezakládá na skutečném stavu, jeho účinek je skutečný dost.

Třebaže člověk s tímto zvláštním nábojem sebedůvěry možná vypadá, jako by ho měl odjakživa, vůbec to tak být nemusí. Tento druh sebedůvěry vychází ze životního postoje. A životní postoj je jako fyzická kondice: chce to nějaký čas a námahu, ale rozhodně je to něco, co můžete získat. Nemyslete si, že ti, kdo vyzařují sebedůvěru, na tom nemusí stále pracovat. Musí! Stejně jako atleti při tréninku potřebují na svém postoji pracovat dennodenně. Jsou to jenom lidé jako všichni ostatní.

Když je řeč o životním postoji – mám kamarádku Suzanne, která je obdařena ohromným optimismem. Ve skutečnosti jí nějaký čas trvalo, než si ho vypěstovala. A to z nutnosti, díky němu si však udržuje tělesnou i duševní svěžest a spokojenost.

Suzanne na střední škole hodně sportovala a na vysoké si za hlavní obor zvolila výživu, byla tudíž v lepší kondici než většina ostatních lidí. Než skončila školu, zranění kolene ji přimělo změnit stravovací návyky a cvičební režim. Díky tomu hodně zhubla. Shledala, že má radost, jak lidé na její novou postavu reagují. Jejímu tělu se to nijak zvlášť nezamlouvalo, ale Suzanne se nový vzhled líbil a poté, co úspěšně zahájila kariéru modelky, rozhodla se, že si postavu udrží stůj co stůj.

Málem však zaplatila cenu nejvyšší. Byla tak hubená, že i její agentura chtěla, aby přibrala na váze, ale Suzanne si nedala říct. Měřila skoro metr osmdesát, vážila asi padesát kilo a byla nezřízeně pyšná na to, že se vejde do kalhot velikosti třicet šest. „Aby dívka uspěla jako modelka, musela zůstat hubená," vysvětlovala mi Suzanne, když jsme si povídaly o krušných zvratech v jejím životě a kariéře. „Tehdy jsem přes den jedla pouze ovoce. Jen ovoce. Věděla jsem, že bych měla jíst pořádně, instinkty jsem měla správné, ale také jsem toužila po uznání. Odpírala jsem si, protože jsem chtěla uspět v práci. Kariéra modelky byla vším, co jsem měla."

Tak se stalo, že si Suzanne způsobila krevní onemocnění a následná léčba změnila její vzhled – a ohrozila kariéru. „Musela jsem zrušit všechnu práci, kterou jsem si sehnala v Evropě," vzpomínala, „a jít do nemocnice. Nasadili mi steroidy a za pouhých pár týdnů se všechno změnilo. Moje postava, tvář, všecičko. Měla jsem obličej kulatý jako měsíc v úplňku. Nemohla jsem se podívat ani do zrcadla, jak to bylo bolestné, a když jsem se konečně zotavila natolik, že jsem se mohla vrátit do agentur a poohlédnout se opět po práci, bylo to ještě horší. Lidé mě takhle nepoznávali. Byla jsem to já, jen statnější. Cítila jsem se znetvořená. Byla jsem celá nesvá. Měla jsem pocit, že jsem napřed měla všem vysvětlit, proč takhle vypadám, ale i když jsem to pak udělala, stejně na mě vrhali odmítavé pohledy. Chovali se hrozně nevlídně. Z ideální velikosti šestatřicet až osmatřicet jsem nakynula do velikosti dvačtyřicet až čtyřiačtyřicet. Nepřipadalo v úvahu, aby mě zaměstnali."

Suzanne se nakonec do branže vrátila jako modelka větších velikostí a využila své posedlosti váhou a cvičením k tomu, aby vzala osud do svých rukou. „Moje krédo teď zní: Jestli se ti nelíbí, jak vypadám, je to tvůj problém, nikoli můj," prozradila. „Už se nechci kvůli někomu měnit. Teď je u mě na prvním místě zdraví. V mém životě jde o mnohem víc než o starosti s velikostí šatů, s tím, co jím nebo nejím. Záleží mi na tom, jak vycházím s jinými lidmi. V životě je důležité mít se ráda. Být dobrou přítelkyní, dobrou dcerou, dobrou partnerkou. Jste-li šťastné samy ze sebe, bude to vidět na vašem úsměvu. Bude vám to vidět na očích. Bude to z vás vyzařovat."

Tomu se říká pozitivní přístup! Ale co dělat, abyste si vytvořily svůj vlastní? Nejprve se pokuste zjistit, jaký životní postoj je blízký vám? Jste spíš optimistické a sebejisté? Nebo je pro vás přirozenější negativní pohled na svět? Jako u většiny lidí se váš postoj nejspíš den ode dne různí. Ale jaký byste řekly, že máte nejčastěji?

Máte-li sklon k negativním postojům, cítíte-li skutečně, že máte nad hlavou černý mrak, může tento negativismus pramenit z nízkého sebevědomí. Může se stát nutkavou potřebou sebeobrany. Jelikož o sobě nedobře smýšlíte, máte dojem, že si nezasloužíte nic dobrého. Než si přivodit zklámání, raději tedy od budoucnosti mnoho nečekáte. Čekej to nejhorší, a nikdy nebudeš zklamán. Možná si ale neuvědomujete, že těm, kdo příjemné věci očekávají, právě síla jejich naděje pomáhá to dobré uskutečňovat.

Nemluvím zde o výhře v loterii. Mám na mysli situace, jež se týkají jiných lidí. Lidé s pozitivními názory bývají velice přitažliví. Vzpomeňte si znovu na nějakého svého známého, z něhož vyzařuje sebedůvěra. Jaký máte pocit, když vejde do místnosti? Když vám zatelefonuje? Jeho pozitivní energie ovlivňuje lidi kolem něj. Proniká do způsobu, jakým se k němu chovají. Je tedy doslova ve vaší moci, abyste ovlivňovaly své okolí vyzařováním stejného druhu sebedůvěry.

Jak ovšem tuto sebedůvěru získáte? Dovolím si vám navrhnout několik kroků, které vás k ní snad dovedou blíž, než jste teď. Dejte si na čas, ale je nutné, abyste se snažily chovat se tak denně.

Promlouvejte k sobě. Nebojte se samy sebe povzbuzovat. Já si se sebou povídám pořád: než jdu pózovat do studia, když musím mluvit v médiích, když se mám s někým setkat poprvé. Mluvte nahlas nebo k sobě promlouvejte v duchu – při hlasité mluvě možná budete chtít mít jistotu, že vás nikdo neposlouchá! Co byste si měly říkat? To záleží na okolnostech. Když se jdu ucházet o nějakou zakázku, říkám si: „Pro tuhle práci jsi ta pravá. Udělali by dobře, kdyby tě vzali." Jestliže vám dělá potíže chválit samy sebe, berte to trochu jako hereckou roli. Staňte se svým osobním koučem.

Hovořím k sobě i pak. Když mě nevyberou, říkám si: „To nic. Asi ses na tuhle práci nehodila. Neznamená to, že se nehodíš na žádnou, jen na tuhle jednu."

Nestyďte se se sebou mluvit. Dělají to i lidé ve vrcholné formě. Na letních olympijských hrách v roce 1996 bylo o jedné z našich nejlepších gymnastek známo, že před každým vystoupením mluví sama k sobě. Mohly jste na obrazovce vidět, jak se jí pohybují rty, když si připomíná kritické momenty svých cviků a to, nač se má soustředit. Mohou-li toto dělat olympijští medailisté, neměly bychom se rozpakovat následovat jejich příkladu.

Připomínejte si, že jsme na tom všichni stejně. Z rozhovorů s jinými statnými ženami někdy získám pocit, že mnohé z nás mají dojem, jako bychom právě my měly zvláštní patent na nízké sebevědomí, na problémy s přijetím svého vzhledu a na pocity úzkosti při veškerém konání nákupy počínaje a dostaveníčky s chlapci konče. Tyto záležitosti sice pro nás mohou být problematické, ale stejné to může být pro většinu lidí bez ohledu na velikost šatů. Není pravda, že zbytek světa funguje pořád na sto procent a my jediné na celé planetě jsme méněcenné. Tato skutečnost se možná zdá naprosto jasná, ale nemáte někdy dojem, že se s méněcenností musíte potýkat dočista samy? Na to, aby člověku chyběla sebedůvěra či o sobě chvílemi silně pochyboval, není třeba mít plnější postavu.

Mám přítelkyni, která závodně běhá. Jednou v zimě běžela nějaký závod. Už když závod začal, hustě sněžilo. Na zemi ležela vrstva rozbředlého sněhu a klouzalo to. Moje kamarádka běžela v čele a měla před sebou ještě víc než kilometr, když ji zachvátila panika: Dráha je příliš kluzká, nepodaří se jí udržet se na čele, ostatní závodnice ji určitě dohoní. Pak si uvědomila, že se všichni v tomto závodě musí potýkat se stejným povrchem. Není jediná, kdo musí běžet ve sněhu. Vysmála se sama sobě, jak mohla být tak hloupá. Nemohla uvěřit, že nad něčím tak zřejmým musela přemýšlet. Já se ale sázím, že podobné mylné domněnky si vytvářejí mnohé z nás. Vím, že jsem to dělala i já. Neměly jste někdy pocit, že vy jediné překonáváte drsný terén, zatímco pro všechny ostatní je to procházka růžovou zahradou? A přesto se, tak jako onehdy moje kamarádka běžkyně, často všichni nacházíme na stejné dráze. Jsme všichni lidé, všichni náchylní ke stejným nejistotám a pochybám. Jsme-li statné či máme-li problémy s váhou, je to jen záminka, které naše nejisté a pochybující já využije k tomu, aby nás potrápilo. Kdyby nebylo právě této oblasti, naskytlo by se něco jiného.

Proto si řekněte: Ať už jsou vaše pochybnosti jakékoli, rozhodně v tom nejste samy. Kdybyste uměly číst myšlenky, kdybyste mohly poznat pochybnosti svých blízkých kolem sebe, asi byste reagovaly takto: „To je ale hloupost! Jak si vůbec můžeš něco takového myslet?"

Proč by tedy vaše vlastní nejistoty měly být oprávněnější? Odpověď samozřejmě zní: protože jsou vaše. A jelikož jsou vaše, je obtížnější vidět je z odstupu. Pokuste se tedy učinit ten krok dozadu. Představte si, že jste někdo jiný, kdo vám čte myšlenky. Jak teď pohlížíte na své nejistoty?

Přemýšlejte o svém držení těla. Držení těla skutečně dokáže ovlivnit to, jak se cítíte. Vypněte hruď, stáhněte ramena dozadu. Pěkně se uvolněte a postavte se rovně. Zhluboka se nadechněte. Vydechněte. A ještě jednou se nadechněte. Necítíte se už lépe? Kvůli čemu jste si dělaly před chvílí takové starosti?

Pěkné držení těla může být obzvlášť obtížné. Moje matka mi vždycky, když jsem byla malá, říkávala, abych stála rovně. „Jestli budeš vysoká," povídala, „buď na to hrdá." Nebylo to snadné, ale snažila jsem její radou řídit a dnes z rozumnějšího, dospělého hlediska její názor naprosto chápu. Když vidím své známé, které se hrbí a snaží se „kamuflovat" svou postavu, nemohu se ubránit myšlence na to, jak hrozně to vypadá. To si můžete dát rovnou na krk ceduli s nápisem: Vadí mi moje tělo.

A co hůř, když jste takhle sklesle, budete se i mizerně cítit. Možná ani nezjistíte, z čeho to pramení, ale věřte mi, když se hrbíte, působí to depresivně i na vaši duši. Nehledě na to, jak jste vysoké, s lepším držením těla budete vypadat i cítit se lépe.

Snažte se přistihnout v rozdílných momentech během dne. Kdykoli vás napadne „držení těla", pořiďte si v duchu snímek toho, jak právě v tu chvíli sedíte či stojíte. U většiny lidí to moc pěkný obrázek není. Vzápětí se tedy snažte narovnat. Zpočátku se nebojte podívat do zrcadla. Většina lidí se zprvu při správném držení těla obává, že vypadají jako vojenský rekrut v pozoru. Když se ale budete kontrolovat, zjistíte, že ač si zpočátku můžete připadat, jako byste spolkly pravítko, ve skutečnosti vypadáte mnohem lépe.

Dýchání. O dýchání jsem se zmínila již dříve, ale stojí za to upozornit na ně samostatně. Dýchání přivádí do vašeho organismu kyslík. Okysličováním krve získáváme energii.

Cítíte-li se sklíčeně nebo máte-li starosti, udělejte si chvilku a zhluboka se nadechněte. Nadechujte se nosem a nepřestávejte, dokud neucítíte, že se vám rozšířila hruď i břicho. Teď pozvolna vydechněte ústy. Cítíte-li stále neklid, dýchejte takto dál. Má to ohromně uklidňující účinek a zároveň vám to pomůže myslet na dýchání i jindy. (Nejlepším učitelem dýchání je jóga.)

Zas a znovu déjà vu. Jako většinu lidí vás asi také neustále znervózňují tytéž situace: přijímací pohovory do práce, schůzky naslepo. Pokaždé, když to prožíváte, jste nejspíš stejně rozrušené jako posledně. Je to naprosto přirozené. Dá se to očekávat. Snažte se však čerpat sílu z těch situací, které jste úspěšně zvládly. Připomeňte si, že už se vám totéž dříve podařilo. Vzpomeňte si na předchozí podrobnosti. Možná budete dál pociťovat nervozitu, ale s trochou štěstí a cviku nebudete už cítit tu zdrcující zhoubnou úzkost.

Jsem si jistá, že dokážete samy přijít na další kroky k vytváření pozitivního životního postoje. Jen si pamatujte, že získávání zdravého postoje se nepodobá horolezeckému výstupu. To není, jako když vyšplháte na určitou plošinu a jste tam, stále na stejné úrovni. Přemýšlejte o svém postoji jako o kondici. Je potřeba dát svému postoji určitou formu a pak ji udržovat. Připravte se na nezdary, ale nepřetržitě pokračujte v práci. Vynaložte úsilí a výsledky se dostaví samy!

Zamyšlení

Na svých cestách – při práci, na přednáškách, při běžném hovoru – vyslechnu od mnohých žen, s nimiž se setkám, spoustu zlostných výroků. Dozvídám se také spoustu bolestných zážitků, stesků a stížností na zneuznání. Často se uchylujeme k této pohnutce: Z toho, jaké jsme, chceme někoho obvinit, ve svých osobních dramatech se chceme zprostit vší odpovědnosti a ukrýt se před svými problémy s pomocí tak komplikovaných sebeklamů, že už ani nevíme, čí jsme.

Není to správné, ale setkáváme se s tím všude kolem sebe. Sama bych to měla vědět nejlépe. Nějaký čas jsem takovému vnitřnímu hněvu naslouchala: Neuznávala jsem sama sebe, truchlila jsem pro osobu, jakou nikdy nebudu, a ze své prohry jsem obviňovala všechny a všechno, nač jsem pomyslela. Byl to demoralizující způsob žití, a tak jsem usilovně hledala vyváženější postoj. Stále na tom pracuji, ale konečně jsem dospěla k tomu, že mohu (a musím) převzít zodpovědnost za to, kdo jsem, čím jsem a proč.

Bylo by snadné obvinit své rodiče za to, že mi vštípili rozporuplný vztah k jídlu, pohlížet na své dospívání jako na určitý program mého celoživotního boje s váhou. Anebo bych mohla poukázat na genetickou dispozici a vyčítat svým rodičům, že je vůbec napadlo přivést na svět dítě s tak mohutnou kostrou. (Jak se *opovážili* připravit mi takový osud?)

Sepisovala jsem si dlouhý a podrobný seznam důvodů, které vysvětlovaly mou situaci, ale osvobozující pravdou je, že nikdy nebylo koho obvinit, ani sebe samu. Chvíli trvalo, než jsem si uvědomila, že si mohu namlouvat pocity viny nebo mohu spílat Billovi za jeho věčné vážení, ale toto ukazování prstem nakonec nikam nevede. Pořád budu měřit metr osmdesát, pořád budu vážit pětaosmdesát kilo a pořád se mi nebude dařit sehnat slušivé šatečky na večírek.

Existuje něco, co bych udělala jinak? Jsou chvíle, které jsem toužila vymazat z paměti? Hádejte. Ano, u našeho rodinného krbu bylo pár drobností v nepořádku, a kdyby mi můj otčím v pubertě poskytl nějakou trvale pozitivní zpětnou vazbu ohledně mého vzhledu, možná bych si nikdy nevytvořila některé ze svých stravovacích zlozvyků či negativních představ o svém těle, které se projevily, když jsem odešla z domova. Je tu i velká šance, že kdybych se narodila drobnějším rodičům, dostala bych do vínku i sadu genů pro drobnou postavu. Kdo ví? Celá spousta věcí mohla dopadnout jinak, ale pak už bych to uvnitř nebyla já. Tohle je moje tělo, tohle je má rodina a tohle je můj příběh. To vše jde ruku v ruce s tím, čím jsem dnes, a nemohu změnit ani jeden prvek, aniž změním celek. A to nechci.

Líbí se mi, kým jsem. Jsem ráda, že i v těch nejkrušnějších situacích si dokážu najít něco pro zasmání. Jsem ráda, že mohu lidem pomáhat, aby se cítili lépe. Jsem ráda, že jsem se dokázala obklopit upřímnými, milujícími přáteli. Jsem ráda, že umím čelit svým obavám, dosahovat svých cílů a chovat se sebevědomě. Jsem ráda, že je moje tělo pevné a zdravé, že se mohu postavit před zrcadlo a najít si něco chvályhodného. (Konečně.) Naučila jsem se líbit sama sobě – doopravdy. Možná se mi nelíbí ta spousta rozporů, s nimiž jsem se potýkala, když jsem byla mladší, nebo některé ze způsobů, jak moje tělo reagovalo na určité psychické a hormonální změny, ale to jsou věci, které dokážu překonat. Dnes mohu říci, že jsem svým rodičům vděčná za to, že tehdy dělali to nejlepší, co mohli. Dostalo se mi mnohých prvotřídních ponaučení.

Jako mladé děvče jsem nebyla ke svému osudu tak uznalá, ale časem jsem k tomu dospěla. Dokážete to i vy. Přijměte zodpovědnost za to, kým jste a kým byste mohly být. Své rodiče (svůj metabolismus nebo své okolí) můžete obviňovat jen tak dlouho, než se mezery ve vašich úvahách nezvětší natolik, že pohltí i jejich skrytou logiku. Přestaňte věřit svým výmluvám a začněte věřit samy v sebe. Vynaložte úsilí, abyste překonaly to, co vás brzdí – vaše budoucnost čeká!

12

Na cestách (Opět!)

Jako mnoho zaměstnaných žen hodně cestuji. Ve skutečnosti trávím na fotografování v terénu tolik času, že mám stále strach, abych nesklouzla ke špatným návykům – nebo nepolevila v pečlivě vypěstovaných dobrých návycích.

Není vyhnutí: Takové programy jako show na Broadwayi jsou dost náročné i bez cestování. Ale neničí mě jen neznámé prostředí a nezvyklá pracovní náplň. Zjistila jsem, že mimo domov číhá víc lákadel a víc příležitostí *nedávat* na sebe pozor. Když jsem v neznámém městě, probudím se v neznámé posteli, své tělo přizpůsobuji neznámému časovému pásmu a občas se spoléhám na neznámé pokrmy podávané na letištích a v hotelech, všechno, co se týká mého stravování a cvičení, má sklon selhávat. Nic není jednoduché a dokonce i naše nejlepší úmysly vědí, jak se vytratit. Vím, že ty mé zmizí, když nejsem opatrná. Je mimořádně obtížné správně jíst a najít si čas na cvičení nebo pouhý odpočinek, aby odplynuly každodenní trable.

Cizí prostředí působí na ženy všech velikostí (a na muže také!), ale nemusí to být nic špatného. Já jsem si z toho udělala svátek. Musela jsem. Většina lidí je schopna své příležitostné poklesky na cestách odepsat jako chvilkové poruchy svého jinak zdravého režimu, ale já v tom vězím příliš hluboko. Strávím každý rok asi sto nocí v hotelových pokojích po celém světě a prostě si nemohu dovolit přestat na sebe dbát tak dlouhou dobu. To skutečně nejde. Přišla bych o práci i o své smýšlení tak rychle, že bych ani nepostřehla, jak se to seběhlo. Nemohu své dobré návyky zanedbávat pokaždé, když odjedu z domova, aniž bych se k nim po svém návratu musela pracně vracet.

Naštěstí jsem přišla na pár triků, jež mi pomáhají cítit se jako doma i mimo domov a vytvořit si takové prostředí, které potřebuji, abych se udržela na vrcholu svých sil. Zde vám je předkládám a vy si mé nápady můžete přizpůsobit svým potřebám. Svým způsobem zkouším využít čas strávený mimo domov ještě větší snahou dodat svému tělu, co potřebuje. A proč ne? Když skončím s prací, obvykle není nikdo, kdo by mi pomohl vyplnit zbytek dne. Nemusím nic vyřizovat, nemám žádné povinnosti ani domácí práce, nemám koho navštívit, a tak mohu volný čas plodně využít.

Přiznávám se, že jsem posedlá vodou a tím, čím nám prospívá. Později zajdu do větších podrobností, ale teď bych se vám ráda svěřila, jak voda obohacuje můj cestovní kondiční program. Vodu miluji. Stříkám ji na sebe, piji ji a raduji se z pouhé její blízkosti. A také při každé příležitosti plavu – *obzvláště* když jsem mimo domov. Bez ohledu na to, kam se vypravuji, balím si plavky, plavecké brýle a koupací čepici. Vždycky předpokládám, že je budu moci použít, a také se to většinou podaří. Většina lepších hotelů má krytý bazén přímo v budově, a když mám bazén nablízku, vím, že jsem ve formě. Obvykle si hledám ubytování tam, kde je bazén padesátimetrový, abych si mohla plavat svá kolečka, ale postačí jakýkoli bazén. I když neplavete natolik zdatně, abyste si plně vychutnaly přínos z plaveckého tréninku, můžete si sestavit báječné půlhodinové cvičení ze cviků na zvedání nohou, kopání a posilování odolnosti, které vám dodá sílu a svěžest. Znám mnoho žen, které nikdy nevyužily výhod bazénu poblíž svého bydliště, ale nedají dopustit na plavání v hotelích. Koneckonců jak často se můžete vykulit z postele rovnou do bazénu? (Tak dobře, nepočítala jsem jízdu výtahem dolů do šaten, ale vy mi rozumíte.) Využijte této příležitosti i času, který se vám naskytl.

Když je řeč o čase, potřebujete pouhou půlhodinku. Alespoň mně to skutečně stačí, pokud potřebujete času víc, najděte si ho. Snažím se vstávat asi tak hodinu před první domluvenou schůzkou, aby mi zbylo dost času na to jít si zaplavat a v klidu posnídat. Nemám ráda ranní spěch. Když mám schůzku už v šest nebo dřív, odložím cvičení na později. Nemohu přijít na fotografování a vypadat unaveně, protože to by jaksi překazilo hlavní záměr. Nezáleží na tom, jestli jste modelka, účetní nebo obchodní zástupkyně, klíčovou součástí každého zdravého cestovního režimu je vydatný noční spánek – každou noc! Další je čerstvý vzduch. Zatuchlý, recirkulovaný vzduch ve většině konferenčních středisek a hotelových zasedacích místností může způsobit, že budete vypadat pobledle a sešle ještě týdny po návratu domů. Vydejte se ven alespoň na pár hodin denně, i kdybyste pobývaly vysoko v horách uprostřed zimy. (Tedy zvláště kdybyste pobývaly vysoko v horách uprostřed zimy!)

Plavání není jediná možnost tělesného pohybu, je to zkrátka náhodou můj oblíbený sport. Navíc ke své plavecké výzbroji si balím pohodlné běžecké boty, čelenku, trikot, podprsenku na jogging, kšiltovku a mikinu do chladnějšího počasí. Jsem připravená na všechno. Někdy si vyjdu na pořádnou procházku svižnou chůzí, občas si udělám túru po okolí nebo si půjčím horské kolo a vyjedu si do místních kopců. Když bydlím ve středu města, u letiště nebo na méně bezpečném místě, porozhlédnu se po nějaké posilovně, rotopedu nebo kryté závodní dráze. Dokonce jsem zjistila, že v některých velkých hotelech ve větších městech, která jsem navštívila, existují profesionální skupiny běžců nebo chodců, které každé ráno společně vyrážejí z hotelové haly. Není to pro mě pouze otázka bezpečnosti, ale i motivace. Je mnohem příjemnější trénovat s někým jiným, byť je to úplně cizí člověk – a neexistuje lepší způsob, jak poznávat nové lidi, než běžet s někým bok po boku neznámým městem. Zeptejte se na tuto službu v recepci.

Bezpečnost je skutečně důležitá, proto vydáte-li se na procházku nebo jdete-li si samy zaběhat, je dobře, když někomu v hotelu povíte, kam a na jak dlouho odcházíte. Navykla jsem si nechávat svůj klíč v recepci a požádat toho, kdo má službu, aby mi poradil nějakou dobrou trasu, tudíž pak někdo ví, kde přesně jsem. Poslední dobou nosím při běhání na krku svazek cedulek se jménem, adresou, nouzovým kontaktem a zdravotními údaji pro případ, že bych třeba spadla do strouhy podél běžecké trati někde uprostřed pustiny. Měly byste si je opatřit také. Nejspíš jste stejně jako já o takovém opatření nikdy nepřemýšlely, když jste se pohybovaly doma, kde vás znají, ale když jste samy mimo město, je to dvojnásob důležité.

Některé hotely nabízejí ranní strečinkové cvičení či aerobik nebo instruktora, který vám předvede jakékoli vám neznámé tělocvičné nářadí. (Opět: kdo hledá, najde!) Jinde nabízejí kyvadlovou dopravu do příslušného místního sportovního klubu, kde mají hoteloví hosté slevy nebo si mohou zacvičit zcela zdarma. Obvykle se vyplatí zjistit si při registraci, jaké služby a vybavení jsou k dispozici přímo v hotelu a jeho okolí a naplánovat si sportovní vyžití podle toho.

Když se chystám pobývat mimo domov týden a déle, přeměním si hotelový pokoj ve vlastní tělocvičnu tím, že si přibalím jeden z těch tvrdých gumových míčů, které znáte z televizních reklam. Skvěle pomáhají maximalizovat účinek lehsedů, kliků a všech možných prostocviků. Dají se sbalit do plochého balíčku velikosti knížky, ale když je nafouknete, jsou velké asi jako nafukovací plážový míč. Dá to trochu práce (a chce to spoustu horkého vzduchu), ale výsledek stojí opravdu za to.

Je-li to možné, vyžádám si pokoj v nejvyšším patře a chodím po schodech, aby se mi několikrát denně pořádně rozbušilo srdce. Dokonce cítím-li, že to moje tělo potřebuje, nechávám si ve svém rozvrhu čas na to, abych na schůzky mohla chodit pěšky, místo abych se vozila taxíkem. Hlavní smysl tkví v tom, že na služebních cestách je třeba vydat nějaké úsilí navíc, aby se vyrovnalo námaze vydávané doma. Zjistila jsem, že k tomu, abych zůstala v kondici, musím být nápaditá a opatrná.

Nic z tohoto mimořádného úsilí ovšem nemá valnou cenu, když není doplněno zdravou výživou, a to rovněž vyžaduje jisté úsilí. Když máte naspěch, jsou vám obvykle k dispozici pouze restaurace rychlého občerstvení, ale většina celostátních sítí těchto podniků nabízí pult se saláty či alespoň pár nízkotučných pokrmů. Vyzkoušejte je. A pokud to jde, vyhýbejte se sladkým limonádám. Já si obvykle objednám sklenici sodovky, která sice téměř nikdy nebývá uvedena v nápojovém lístku, ale téměř vždy je k mání.

Můžete se docela určitě spolehnout, že vždycky seženete kousek čerstvého ovoce, krajíc dobrého čerstvého chleba nebo talíř chutných těstovin, abyste přežily, než objevíte nějaké slušné jídlo. Záměrem je vyhnout se nevhodným pokrmům, zatímco sháníte ty vhodné, a to se někdy snáz řekne, než provede. Jste-li dopoledne například na konferenci, na velkém shromáždění – nebo v mém případě na sezení s fotografem –, pravděpodobně tam narazíte na tác naložený sladkým pečivem, ovocem, sýry a podobně. Uchylte se k ovoci a zelenině, ale se sladkostmi a pokrmy s vysokým obsahem cholesterolu buďte opatrné. Nevím jak vy, ale když já si nedám pozor, mohu se takovými sýrovými kuličkami a koláčky cpát od rána do večera, a tak jsem zjistila, že je pro mě lepší, když se jim vyhnu úplně. Poznejte svou míru a své sklony a pamatujte na ně.

V současné době je většina hotelových pokojů vybavena malými ledničkami plnými předražených nápojů a různých zákusků, což umožňuje stravovat se *zdravě* přímo na pokoji. Ne, nic z původních zásob nepiji ani nejím, ale ledničku vyprázdním a její prostor využiji na uchování takových věcí, jako je celer, mrkev, jablka, jogurty, džusy a moje všudypřítomná voda v lahvích. (Když uděláte totéž, nezapomeňte před koncem pobytu vrátit všechno hotelové zboží zpátky do ledničky, nebo vám ho naúčtují!)

Někdy mám pocit, že si za všechnu tu pozornost věnovanou správné výživě a tělesnému pohybu zasloužím odměnu, a tak se snažím se na cestách rozmazlovat. Pracuje-li v hotelu masérka, hned se k ní objednám. Nic moje tělo a mysl neuvede natolik v soulad či mi nepomůže se uvolnit po dlouhém dni jako pořádná masáž. Je-li tam sauna, jsem první, kdo ji navštíví. Dávám přednost sauně s vydatnou párou, kde je vzduch dostatečně vlhký, aby mi otevřel póry a působil blahodárně na pleť.

Moje rozmazlování zahrnuje i pamlsky – zvláště když je možné ochutnat nějakou tu místní specialitu. Rozumějte, s tím dopřáváním to nepřeháním, ale mohu klidně vyzkoušet něco nového, protože své tělo udržuji ve stejné rovnováze jako doma. Trochu zmrzliny nebo kousek čokolády nestačí zdravou vyváženost pokazit.

Pro mnoho žen může být několikadenní pobyt mimo domov záminkou pro porušení dobrých návyků, na jejichž vypěstování tvrdě pracovaly, ale pokud jde o mě, žádná záminka to není. Návrat ke správnému režimu po delší služební cestě, během níž jste podlehly špatným podnětům, může být mimořádně obtížný. Proč se tedy do takové situace dostávat?

Pamatujte si, že každý dobrý návyk, který porušíme, se napodruhé vytváří dvojnásob obtížně. Držte se svého vytčeného směru, i když změníte prostředí.

Zamyšlení

Práce modelky obnáší spoustu vysedávání a čekání, což je výborné, když chcete dohnat zanedbanou sečtělost, ale pro udržení postavy a kondice je to mor – a chceme-li se udržet v oboru, postavu si udržovat *musíme.* Když jsem na výjezdu s dalšími modelkami, snažím se obvykle zorganizovat nějakou večerní akci jako společné plavání, aerobik nebo procházku ze studia do hotelu.

Věci se však často nevyvíjejí, jak se plánovalo, a v takových chvílích musíme být obzvláště vynalézavé. Jednou jsem byla při fotografování v Brémách v Německu uvězněná ještě se čtyřmi nebo pěti americkými modelkami celý den v nádherném starém hotelu. Neměly jsme absolutně co dělat kromě sledování německé televize a pojídání německých čokoládových bonbonů. Povím vám, že netrvalo dlouho a měla jsem obojího po krk (tedy ty bonbony byly báječné, ale všeho moc škodí). Venku lilo jako z konve, fotografování zrušili a hotel, navzdory svému kouzlu, nenabízel žádné tělocvičné zařízení. Musely jsme něco dělat, a tak jsme si oblékly cvičební úbor a vtrhly na požární schodiště. Připouštím, že některé z nás nikam nešly a dojídaly čokoládu, ale to byla jejich věc.

Byl to pětiposchoďový hotel, což vybízelo k docela slušnému výkonu. Běhaly jsme po schodech nahoru dolů asi půl hodiny. Někteří z hotelových hostů a personálu se na nás dívali poněkud pobaveně, ale my jsme se nedaly a nakonec se ukázalo, že to byl skutečně vydatný trénink. Když jsme končily, všechny jsme se pořádně potily, ale důležitější bylo to, jaký jsme z vynaloženého úsilí měly pocit.

Užitek z náročného běhání do schodů je všeobecně známý, ale zde se přidal prospěšný zájem o zdraví a kondici a ještě o sebe navzájem. Když jsme skončily, cítily jsme se úžasně a navíc jsme se báječně pobavily.

Onoho deštivého odpoledne v Brémách jsem se poučila, že nic, co stojí za to, nepřichází snadno. Jedna věc je jít si zacvičit do fitness centra nebo si koupit domů nejnovější cvičební pomůcku, ale něco docela jiného je, když si musíte vystačit s tím, co máte. Zjistila jsem, že si své cvičení musím odbývat tam, kde si k němu sama najdu podmínky, protože ne vždy si najdou ony mě.

13

Kondice, nebo tloušťka?

Když se občas někdo dozví, že jsem modelka pro větší velikosti, řekne mi: „Vy ale nejste tlustá!“ – jako bych se za takovou modelku vydávala podvodně. Vysvětluji tedy, že *jsem* modelka pro větší velikosti a že většími velikostmi se myslí číslo čtyřiačtyřicet a více. Nejsem obézní modelka ani reklama na obezitu. Obhajuji sice uznání typů, tvarů a velikostí postav, které se liší od ideálu či „normy“, ale nejsem zastánce obezity. Pro tloušťku tedy nehoruji, ale spíše ze zdravotního než z kosmetického hlediska.

Ať dělám co dělám, vím, že budu vysoká a statná. Je to daný fakt. Nic mě nemůže zmenšit pod můj metr osmdesát. A pouze skutečně mimořádné a pravděpodobně nezdravé úsilí může způsobit výrazný pokles mé normální váhy. Avšak když mám nadváhu, necítím se nejlépe. Ani nejlépe nevypadám, ale víc mi vadí to, jak se cítím, než jak vypadám. Cítím se unavená. Pomalá. Jsem sklíčená, protože vím, že nevypadám nejlépe a že mohu vypadat lépe. Když mám nadváhu, asi si neudržuji takovou tělesnou aktivitu (procházkami, turistikou, jízdou na kole), jaká mi svědčí a pomáhá mi zdravě zlepšovat náladu (vyrovnanou hladinou endorfinů).

Je třeba, abyste se rozhodly, co je pro vás z hlediska váhy správné, co je přijatelné a co nikoli. Ať se rozhodnete jakkoli, kladu vám na srdce, abyste braly v úvahu svůj tělesný typ. A vyzývám vás, abyste usilovaly o zdraví.

Jeden můj přítel rád říkává, že je duchovní bytostí, která prožívá lidské zážitky. Takové smýšlení o životě se mi líbí. Tento způsob pohledu vyzdvihuje duchovní podstatu, ale zároveň nepopírá nic z ryze člověčích stránek lidské bytosti. Sem patří být lidský i ve fyzickém smyslu. Ať se nám to líbí nebo ne, jsme uvězněni ve svých tělech – alespoň pro tentokrát. Myslím, že je třeba o ně pečovat. Musíme jim co nejlépe porozumět, abychom se jimi nenechaly ponižovat. Neměly bychom upouštět od hledání snů a štěstí, protože se cítíme unavené. Jsou-li naše těla otylá, budou pracovat proti nám. Je na nás, abychom to zarazily.

Jsem skutečně přesvědčená, že spousta nezdarů při držení diet spočívá v tom, že lpíme na nevhodném ideálu. Dokonce i když uděláme s dietou jistý pokrok, je pravděpodobné, že se od svého ideálu v podobě „normální" modelky budeme stále pořádně lišit. Dovolte mi tudíž předložit několik návrhů:

1. Přestaňte s dietami! Hned teď. Diety z reklam mají přibližně osmadevadesátiprocentní míru neúspěšnosti, proč se tedy zabývat programem, po jehož skončení na tom nebudete o nic lépe než na začátku? Koneckonců na koně s takovým poměrem sázky byste si nevsadily, nezačínejte tedy sázet ani proti sobě.
2. Naučte se přijímat se takové, jaké jste. Musíte-li usilovat o nějaký ideál, vytvořte si ideál přiměřený svému tělesnému typu a výšce.
3. Ve svém stravovacím a cvičebním plánu se zaměřte spíše na zdraví a dobrou kondici než na „ideální" váhu či „ideální" postavu. Chtějte přimět své tělo, aby vám sloužilo při každodenních činnostech. Myslete na dlouhověkost. Jestliže se teď kvůli své váze cítíte unavené a pomalé, jak se asi budete cítit za pět let? Za deset? Za dvacet?

Z vlastní zkušenosti vím, že je mnohem snazší cítit se lépe fyzicky i psychicky po pouhém jednom či dvou týdnech cvičení a vhodné dietě, než cítit, že skutečně hubnete. Proto si i nadále všímejte spíše toho, jak se cítíte, než jak vypadáte. Budete-li svůj program dodržovat, váš vzhled se vylepší následně. Nebuďte jím však posedlé. Jen občas mu věnujte volný čas, procházku, návštěvu fitness centra.

Osobně nevěřím dietám. Nárazovým. Zjistila jsem, že nejlepší způsob, jak zhubnout, je hubnout pozvolna: rozumnou výživou a rozumným cvičením. Dieta je něco, co dodržujete, ale nejspíš se nemůžete dočkat, až s tím skončíte. Když se místo toho soustředíte na rozumnou výživu a cvičení, objevíte příjemný dlouhodobý program. Ke změně váhy a pevnosti svalů možná dojde později, než jak to slibují všelijaké diety, ale je pravděpodobné, že výsledky, kterých dosáhnete touto cestou, budou trvalejší – zvláště když se pokusíte sestavit si zdravý program a přijmete ho jako svůj životní styl, nikoli jen jako dočasné, pravděpodobně zoufalé řešení.

Zamyšlení

Ne každá žena s plnou postavou se stane modelkou pro větší velikosti a zrovna tak většina žen s „normální velikostí" nikdy nezkrášlí obálku časopisu *Cosmo*. Proč si tedy statné ženy „nemodelky" nemohou připadat stejně přijatelné jako jejich štíhlejší sestry – „nemodelky"? Je smutnou skutečností, že ani ženy normálních velikostí si přijatelné nepřipadají. Když se nad tím zamyslíte, zjistíte, že v tom nejzákladnějším vězíme všechny ve stejné kaši. Nízké sebevědomí, poruchy stravování a špatné představy o svém vzhledu bují v naší společnosti ve všech velikostech.

Modeling byl pro mě ohromným požehnáním. Není proč to zapírat. Ano, mohla jsem si vydělávat na živobytí různým způsobem, ale vybrala jsem si toto. (Nebo si ono možná vybralo mě.) Sám modeling však není to nejdůležitější. Nejdůležitější je, že ulehčil a urychlil můj osobní růst. Nejdůležitější je, že jedině vy samy můžete změnit směr svého života, i když se třeba zastavíte a požádáte někoho, aby vám ho ukázal. Nejdůležitější je, že svůj osobní růst musíte odstartovat vy samy.

Možná bych ke stejnému názoru dospěla i bez modelingu, ale trvalo by mi to déle. Vy si ho můžete vytvořit také – po svém, svým tempem. Všechny se od sebe můžeme navzájem učit. O skutečné kráse jsem se v šatně poučila zrovna tak od normálních děvčat jako od těch statnějších, ale ještě víc od nemodelek. Tak to chodí vždycky. Těch nejzajímavějších ponaučení se mi v životě dostalo téměř vždy od přátel. Předáváme si své zkušenosti a naše kolektivní poznatky nám slouží jako vzor.

Vždycky jsem měla pocit, že se poučím víc na konkrétním příkladu než z nějaké přednášky. Jsem typ člověka, který si musí všechno osahat. Můžete mi cokoli vychvalovat, ale já si to nekoupím, dokud to neuvidím na vlastní oči a třeba si to i trochu nevyzkouším. Spousta lidí je stejná. Nejvíc se naučím od těch, kteří se snaží být co nejlepší, a pokouším se žít s vědomím, že ostatní možná půjdou v mých stopách.

Stále opakuji rodičům, aby naslouchali svým dětem a dávali jim dobrý příklad. Totéž platí i pro učitele. Připomínám jim, aby si dávali pozor na to, co říkají, aby říkali to, co myslí vážně, a své poučky převedli v činy. Jak špatně asi působí na vaše děti, když jim vyčítáte nadváhu a samy přitom vážíte víc, než kolik byste měly? Který student skutečně vyslechne vaši radu, že nemá kouřit, když vás uvidí, jak si ve sborovně zapálíte? Jak důvěryhodné budou vašim dospívajícím dětem připadat vaše úvahy o důležitosti manželství, když už jste třeba třikrát rozvedené? Obrovská škoda, že se nepoučíme ze svých chyb! Kde by byla celá naše společnost, kdybychom nevyužívali rad svých sousedů a nenabídli jim na oplátku své?

Vracím se v myšlenkách zpět k oné dospívající dívce, kterou jsem představila na úvodních stranách této knihy, k té školačce popíjející dietní nápoj. Objevila se tam, aby mě dovedla k poznání. Upřímně věřím, že se tam ta dívka ocitla proto, abych se zamyslela nad svou situací, aby mě vyzvala ke konfrontaci s některými problémy, které mi nedaly spát, aby otřásla mou samolibostí a donutila mě k činům. Byla tam, aby mě přiměla přemýšlet o cestě, během níž jsem si asi vybudovala své postavení plnoštíhlé modelky, o svých zážitcích statné dospívající dívky a o tom, jak bych mohla podat pomocnou ruku mladým lidem zápasícím s problémy souvisejícími s váhou.

Inspiraci nacházíme na těch nejméně pravděpodobných místech stejně jako na těch nejpravděpodobnějších. Vtip je v tom vědět, co s ní – a jak ji zabalit a poslat do světa, aby mohla ovlivnit někoho jiného. Věřím, že právě díky tomu se točí svět!

14

Co na sebe?

Všechny jsme stavěné jinak. Moje míry jsou 104-84-112 a spadám tedy někam mezi konfekční velikost šestačtyřicet až osmačtyřicet. Jsem celkem souměrná a mám přiměřené proporce, co tedy sluší mně, nemusí nutně slušet všem, a naopak.

Přesto se stále můžeme učit jedna od druhé. Zde je tedy pár základních věcí, na něž myslím, když se připravuji na každý nový den…

Líčení

Krátce a stručně řečeno: líčím se pokud možno nenápadně. Je to věc osobní volby, vy se můžete rozhodnout jinak. Z mého pohledu je vždycky lepší chybovat směrem k příliš skromnému nalíčení než k přehnanému. Váš make-up by měl zvýraznit vaše rysy, ale neměl by být tím prvním, čeho si na vás lidé všimnou.

Jestli potřebujete s líčením poradit, nemusíte hledat pomoc daleko. Přemýšlejte o uspořádání makeupového večírku, kde si vy a vaše přítelkyně vyzkoušíte různé druhy líčení a líčidel. Nebo si zajděte do nějaké lepší parfumerie. Většina z nich nabízí svým zákaznicím buď zcela zdarma, nebo poměrně levně kosmetickou poradnu. Měly byste toho využít a vyzkoušet různé podkladové make-upy a barvy a poslechnout si, co vám může odborná pracovnice nabídnout.

Podklad je nejdůležitější. Připadá mi jako malířské plátno, na nějž mohu nanést barvičky podle nálady. Zjistěte si, do které ze čtyř základních kategorií odstínu pleti (žlutooranžová, rudooranžová, rudá, rudomodrá) patříte. Trvalo mi nějakou dobu, než jsem objevila podklad, který mě nikdy nezklame a skvěle sjednotí odstín mé pleti. Teď, když jsem ho našla, se jen zřídka odchýlím od svých dvou základních tónů – jeden používám, když jsem opálená, a druhý, když vybledmu. Odstínů podkladových krémů existuje skutečně mnoho. Radím vám, abyste přípravek nanášely vždy v menším množství tamponem – ne rukama –, mastnota z vašich prstů by mohla změnit jeho barvu.

Občas si můžete vzít vzorky podkladových krémů zdarma, nebojte se, že budete působit nenasytně. Naučit se správně líčit se dá jedině zkoušením a chybami, takže můžete klidně experimentovat. Mějte ovšem na paměti, že pracovnice kosmetických poraden v obchodech jsou také prodavačky, takže věřte vlastním instinktům. Ještě lepší je mít s sebou kamarádku a vyslechnout si její názor. Máte–li pocit, že vás někdo nutí něco koupit, ujistěte se, že při koupi nepodléháte nátlaku ani reklamě.

Mám sklon dávat přednost očním stínům v barvách země: tmavé šedohnědé, béžové, vanilkové, žlutohnědé, sedlové hnědé a někdy mechové zelené. Mám ráda čtyřbarevnou paletu s přírodními zemitými odstíny. Než jsem převzala pár triků od profesionálů, kteří mě pravidelně líčili, kupovala jsem si růž na tváře v růžových odstínech. Pak jsem zjistila, že tmavá šedohnědá barva je ohromný zkrášlující nástroj. Dokáže vytvarovat obličej a projasnit jeho rysy. Báječně vypadá i kolem očí (zvláště tam, kde jsou vrásky) a podél linie čelisti.

Moje rada zní: Plynulým tahem naneste šedohnědý odstín od horní části lícní kosti u ucha do středu tváře. Pak přímo na lícní kost naneste světlejší odstín (třeba barvu velbloudí srsti), abyste ji zvýraznily.

Nezapomeňte přitom, že barvy musí plynule přecházet jedna do druhé. Za nejpřirozenějším vzhledem se může skrývat důkladné líčení, je-li provedeno správně. Sežeňte si sadu kvalitních štětečků (na růž na tváře, na pudr, na rty, na oči a na obočí) a experimentujte.

Hodně žen má problémy s obočím: barví si je nebo si je maluje o dva tóny tmavším odstínem, než je třeba. Snažte se je sladit s barvou vlasů, obtáhněte je tužkou a vybarvěte odpovídajícím očním stínem. Je to méně křiklavé, než když použijete samotnou tužku.

Rty si maluji různými barvami. Když jdu na večeři nebo na večírek, použiji asi nějakou tmavě rudou rtěnku a na spodní ret nanesu lesk nebo perleťovou rtěnku spolu s konturovací tužkou, ale i tady dávám přednost čistému, přirozenému vzhledu s pouhým nádechem barvy na zvýraznění.

V mé pravidelné proceduře líčení je nejspíš nejpodstatnější osvěžující součástí voda – jako tekutina na pití nebo na postříkání obličeje a jako led na obklady tváře. (Říkala jsem vám, že mám pro starou dobrou H_2O ohromnou slabost!) Když pracuji mimo domov a mám brzy ráno schůzku, běžím ráno ze všeho nejdřív do hotelového strojku na led a zabalím si obličej asi na patnáct minut do ledového obkladu. Moje nejčasnější schůzky začínají kolem půl páté ráno a tou dobou nestojím za nic. Ledové obklady zmenší váčky pod očima a zmírní ranní otoky. Taky vypiju moře tekutin, ať jsem kdekoli. Každý den vypiju asi 2,5 l – když jsem na cestách, ještě víc. V letadle vám může pořádně vyprahnout. Běhám sice pořád na záchod, ale moje tělo víc tekutin potřebuje, bez nich se mi tvoří vrásky.

Voda má místo i v mém kosmetickém kufříku. Nosím s sebou malou lahvičku s rozprašovačem a kdykoli cítím potřebu, nouzově si s ní ošetřím pleť na obličeji. Skvělá je minerální voda, ale postačí obyčejná voda z vodovodu. Nosím si i rtěnku, jelení lůj, řasenku, malou tužku na obočí a korektor na občasné pupínky, ale bez vody se neobejdu.

Ve dne v noci a den za dnem se snažím přimíchat do své barevné palety něco nového. Žasly byste, kolik žen se každý den líčí stále stejně. Proč? Nenosíme přece pořád tytéž šaty, neupravujeme si vlasy stále do stejného účesu, není tedy důvod vycházet ven se stejným obličejem. Máte-li nádherné řasy, čas od času na ně upoutejte pozornost, ale nedělejte to denně.

Některé ženy mají krásnou svěží pleť, ty nebudou chtít na takové čisté plátno naplácat příliš mnoho make-upu, ale jsou příležitosti, kdy ho trocha neuškodí. Vyzkoušejte něco nového. Slaďte oční stíny s barvou halenky nebo šatů. Nádech překvapení může být neodolatelným doplňkem – a vnese trochu hravosti do každodenní ranní rutiny.

Mým úplně nejlepším doplňkem je asi sebedůvěra. Vaším možná také. Už jsme konstatovaly, že skutečná krása vychází zevnitř a může z vás vyzařovat tím, jak se nalíčíte (pokud se rozhodnete se nalíčit), jaké máte držení těla a jak nosíte šaty. Celé kouzlo tkví ve způsobu projevu, a když celek odráží to, jak vidíte samy sebe, a to, jak chcete, aby vás viděl svět, pak jste připravené čelit každé výzvě.

Oblečení

Myslely byste, že modelka ráda nakupuje šatstvo, ale já musím přiznat, že to zrovna není můj koníček. Po pravdě řečeno to nenávidím! Zvlášť když sháním něco společenského. Pociťuji úzkost už při pouhém pomyšlení, že musím sehnat patřičné šaty za cenu, jakou si mohu dovolit. Vím, že stejné pocity zažívají ženy všech velikostí, ale zdá se, že pro nás s plnější postavou je to úkol neobvykle strastiplný. V posledních pěti letech mnoho obchodních domů a speciálních obchodů rozšířilo svůj sortiment a zařadilo do něj i módu pro „plnoštíhlé". Dnes máme asi největší výběr, jaký kdy byl, a přesto stále odcházím z domu s předtuchou, že se vrátím s prázdnýma rukama.

Než se vypravíte na obchůzku po obchodech, měly byste se podívat, co máte doma. Jste-li jako já, váš šatník vypovídá hodně o tom, jak jste kdysi chtěly vypadat, a jen málo o tom, jak jste na tom dnes. Ten můj měl všude nápis „výprodej" – tedy míval ho předtím, než jsem si dopřála dlouho odkládanou přeměnu garderoby. Tento podnět vzešel bohužel až z trapných rozpaků. Jeden ženský časopis totiž poslal štáb, aby vyfotografoval můj šatník k připravovanému článku. Zahanbilo mě, co v něm našli. Ti dobří lidé vysmýčili pavučiny ze zadních polic a všechny police i tyče s ramínky na šaty nově uspořádali. Jakmile odešli, vrhla jsem na obsah skříně kritický pohled. Úplně všechno, co tam bylo, jsem vyndala a hodila na postel. Některé z věcí jsem už neviděla celé roky!

Rozdělila jsem šatstvo do tří hromad: nechat, vyhodit, nerozhodnuto. Vzala jsem opravdu každý kus oblečení do ruky a v duchu si prošla seznam otázek: Nosím to ještě? Vezmu si to vůbec ještě na sebe? Padne mi to? Když jsem si nebyla v něčem jistá, vyzkoušela jsem si to. Když jsem si stále nebyla jistá, vzala jsem tu věc z hromady „nerozhodnuto" a vyzkoušela ji znovu. Pochopitelně tu bylo pár věcí, které mi už nebyly, ale stálo za to si je nechat – dárek od matky, oblíbený svetr, který bych mohla věnovat neteři –, ale můj přístup byl dost přísný. Usoudila jsem, že nechám-li se obměkčit, skončím tam, kde jsem začala.

Za několik hodin jsem vytvořila tři hromady šatstva. Věci, které jsem si chtěla nechat, jsem uklidila zpátky do prázdné skříně, věci na vyhození jsem nacpala do pytle a poslala na dobročinné účely a to, co jsem chtěla rozdat přátelům a příbuzným, jsem zabalila do krabice.

Toto důkladné třídění mělo velký vedlejší klad. Donutilo mě posoudit své oblečení ze zásadních hledisek. Musela jsem se zamyslet nad věcmi, bez nichž se doopravdy neobejdu (jako třeba milovaná trika!), a jak jsem se probírala svým šatstvem, zjistila jsem, že mohu být docela spokojená a stylová jen s pár nezbytnými hadříky. Když jsem odložila stranou džínsy, rozdělila jsem oblečení do šesti základních barev: hnědá, černá, červená, modrá, bílá a khaki. Na hnědou si nyní moc nepotrpím, pokud to není sytá čokoládová hněď, proto jsem se omezila na pár hnědých kožených bot, pásek, kabelku a jedny dlouhé kalhoty. Černá je základní, v této barvě jsem si nechala pěkné sako, kabát, legíny, kalhoty, pásek, kabelku, tři páry bot (vysoké, nízké a kozačky), bezvadný rolák, jednu dlouhou úpletovou a jednu krátkou sukni. Z červené jsem vybrala sako, rolák a klasickou sukni nad kolena, z modré sako a džínsy. Bílé věci tvořilo pět košil s dlouhými rukávy z bavlny, viskózy a lněného plátna, plátěné kalhoty a pár kecek. V barvě khaki jsem vystačila s dvojími šortkami, dlouhými kalhotami a sukní. Prohlídka společenského oblečení mě ujistila, že mám několikero úchvatných šatů v černé a červené barvě a jedny tmavě safírově modré, které mi ladí s modrýma očima. (Vždycky zvýrazněte své klady!)

Odtud jsem mohla začít znovu vytvářet svůj šatník. Určila jsem si přitom pár pravidel:

1. Udělejte si čas na to, abyste vybraly šaty, které vám padnou právě teď. Nechyťte se do pasti nákupu něčeho, do čeho je třeba zhubnout. Oblékněte své tělo takové, jaké je teď. A nenechte se pobláznit létem. Znám spoustu žen, které si koupí malé plavky a přísahají, že se do nich o dovolené vejdou. Kolik z takových plavek zůstane nenošených a snad ještě s visačkou? Kupte si něco, co užijete teď a vytyčte si realistické cíle. Když uznáte, že skutečná krása spočívá uvnitř a že existují možnosti, jak se cítit dobře, které nemají co dělat s váhou či zrcadlem, pravděpodobně se vzdáte zničujících diet. Nebo se způsob vašeho stravování stane součástí celkové změny vašeho životního stylu. Budete o sebe lépe pečovat. Budete jíst zdravěji. Budete se víc pohybovat. Já jsem k těmto změnám dospěla, když jsem zjistila, že jsem ke konci dne vyčerpaná. Svou obvyklou housku a kávu jsem ráno vyměnila za ovoce a džus. A začala jsem chodit alespoň třikrát týdně na nejméně půlhodinové procházky – pokud jsem si našla čas, i na delší. Jak už jsem se zmínila dříve, skutečné změny vyžadují čas a činy. A koupě příliš malých plavek není činem s působivým výsledkem. Proto nakupujte pro osobu, jakou jste, nikoli pro tu, kterou byste rády byly.
2. Vytvořte si jasnou představu, jakým dojmem chcete působit a jaké oblečení nejlépe odráží vaši osobnost.
3. Všeobecně se držte menších vzorů. Chcete přece, aby šaty vyjadřovaly, kdo jste, nikoli abyste se v nich utopily.
4. Nepřehánějte to s doplňky. Vyznávejte jednoduchost. Perlové a zirkonové náušnice, perlový náhrdelník a pozlacený náramek jsou skvělé doplňky.
5. Vyhýbejte se látkám, které se lepí na tělo. Když už si šaty z takového materiálu vzít musíte, oblékněte si pod ně spod-

ničku. Silnější látky se obvykle lepí nejvíc, i když milou výjimku mohou nabídnout úplety. Ráda nosím úpletový kostým, který předvádí mé křivky lichotivým způsobem.

Nikdy jsem si neuvědomila, jak jsou látky důležité, dokud jsem se nedostala k této profesi. Existuje několik dobrých, běžně dostupných, umělých směsových materiálů, které na naší postavě vypadají pěkně. Viskóza, neboli viskózové hedvábí, se objevuje v látkách na kostýmy, kalhoty a saka a nemá sklon se mačkat, tudíž se výborně hodí na cestování. Gabardén pěkně splývá, ale nelepí se jako ostatní materiály. K dostání je vlněný nebo bavlněný gabardén, který přírodnímu vláknu dodá mnohostrannější využití a větší pružnost.

Charmeuse, umělé hedvábí, se na dotyk podobá hedvábí, ale je trochu těžší, proto dobře splývá a skvěle se hodí na léto. Žoržet je další druh umělého hedvábí, který nalezneme ve spoustě společenských obleků a může báječně sloužit jako tenká spodnička. Z přírodních materiálů je příjemně jemné hedvábí a mohou z něj být báječné doplňky, například šátky. Prací hedvábí je nejen praktické, ale má i všestrannější použití a strukturu, která se hodí na dámské šaty, kalhoty, kabátky. A barvené hedvábí má delší životnost, než mívalo dříve. Bavlna je mým trvalým favoritem, je prodyšná a neuvěřitelně pohodlná. Neměly byste přehlédnout ani krep a bavlněný a vlněný úplet. Vlna je trochu oříšek, zvláště oblečení ze stoprocentní vlny. Na přijímací pohovor zvolte raději vlněnou směsovou tkaninu, budete vypadat stejně půvabně, ale možná o trochu méně objemně. (A nebude vás nic štípat!)

Velice dlouho statným ženám vnucovali takové komické polyesterové „pytle", které byly stejně nepohodlné jako nelichotivé. Nikdy jsem nic takového nevlastnila, ale samozřejmě jsem jich pár předváděla. Je mi jedno, co kdo říká, ale takové šaty se nehodí na žádnou postavu. Je to nejspíš ten nejnevkusnější kus šatstva, jaký žena s plnou postavou může mít. A přesto obchodní domy ročně těchto obleků prodají miliony. To nechápu. My přece na sobě nemusíme nosit stan, abychom zakryly svou postavu. Jsou i jiné možnosti!

Pohodlí je nezbytné a nemyslím tím pouze správnou velikost. Všechny jsme se někdy z nějakého důvodu vtěsnaly do bot či džínsů o číslo menších, a přece bychom si měly včas uvědomit, jaký je nerozum odcházet z domova v nepadnoucím oblečení. Při rozhodování, co si vezmeme na sebe, musíme vzít v úvahu i úroveň emocionálního pohodlí. Když člověka celý den něco škrtí a tlačí, není to žádná legrace, a tak si pak chce dopřát trochu volnosti. Máte-li rády džínsy, sežeňte si takové, které vám padnou a můžete se v nich pohodlně pohybovat. Když potřebujete lodičky, kupte si takové, ve kterých vydržíte v zaměstnání i na tanečním parketu. Kolik z nás úpělo bolestí z otlačených chodidel a přísahalo, že „ty" boty už neobuje? Záměrem je mít z oblečení, jež máme na sobě, dobrý pocit a zároveň se stejně dobře cítit i v něm. Život je příliš krátký na to, abychom se jím probelhaly v bolestech.

U kalhot mám ráda rovný střih s úzkou nohavicí, jenž velice lichotí postavě s širším pasem. Ty z nás, které mají široké boky, by se měly poohlédnout po kalhotech vpředu nařasených, s látkovým páskem s vetkanými gumovými nitěmi nebo pro volný čas po kalhotech se zdrhovací šňůrou. Já sama moc kalhoty nenosím, protože v sukních vypadám lépe, ale mám oblíbené kalhoty s vysokým pasem z černého vlněného gabardénu. Při pohybu báječně splývají a dobře se nosí.

Když zahlédnu plisovanou sukni, vidím rudě. Po opakovaném nošení moje boky roztáhnou sklady, až začnou vypadat jako rýhy. Mnohem raději mám hladkou sukni střiženou do A. Skvěle sedí a plnějšímu bříšku svědčí snížený pás. Také se mi líbí, že rovný přední díl nepřidává víc na objemu, a když je zadní díl elastický, dodává ženě elegantní vzhled. Obvykle nosím sukně asi 5 cm nad kolena, ale ne tak krátké, abych nemohla přehodit nohu přes nohu, aniž bych odhalila příliš mnoho – což není vhodné při přijímacím pohovoru (pokud nejste Sharon Stoneová) ani na první schůzce (pokud nemáte opravdový zájem!).

V klasické bílé halence se vždycky cítím skvěle – je to vynikající vynález. Ve větších velikostech se však shání nesnadno, takže jakmile nějakou uvidím, mám sklon ji okamžitě uchvátit. Ve zvláštní oblibě chovám ty s dvojitými manžetami, které se skvěle hodí k obyčejnému sáčku a džínsám. Vybírám si různé styly: v základním pánském střihu, elegantní hladkou, nařasenou, dlouhou i projmutou v pase. Každá dokáže přikrášlit obyčejné legíny, svetr nebo kostýmek.

Nemáte-li v šatníku žádná saka, přemýšlejte o jednom klasickém tmavě modrém. Hodí se ke všemu a bude to tak vždycky. (Báječně vypadá právě s bílými halenkami!) Modré sako může ve dne stejně jako k večernímu oblečení zastoupit sako černé. Černé gabardénové sako s podšívkou se dá vzít i přes jednoduché černé šaty. Zaženete noční chlad a uchováte si elegantní vzhled. Můžete také sáhnout po nějaké pěkné červené – ne ohnivě rudé, ale spíše trochu tlumené, do kaštanova.

Mám ráda saka, která mi sahají pod boky. Existují různé fazony, jsou saka jednořadová a dvouřadová s různými výstřihy do V. Dvouřadová saka mají tendenci tvořit na těle záhyby, proto dávám přednost jednořadovým. Také se vyhýbám všemu, co má velké náprsní kapsy či mohutné ramenní vycpávky.

Když už je řeč o zvýrazňování, všimla jsem si, že se na společenském oblečení nyní objevují nápadné aplikace a velké tištěné vzory, což ale neodpovídá mému vkusu. Zvlášť večer se nechci ukazovat v ničem „žertovném", jako jsou lesklé bílé puntíky či křiklavé abstraktní vzory. Líbí se mi společenské šaty spíše vkusné, jednoduché a trochu sexy – ne usedlé. Pro mnoho statných žen je společenské oblečení problém, ale nemusí tomu tak být.

Mnoho žen se bojí vícevrstevného oblečení či využívání doplňků, ale vy byste neměly. Obavy z toho, že budete nakonec vypadat jako Bibendum z reklamy na Michelin, jsou pochopitelné a vy zajisté nechcete zakrývat nepěkné šaty špatně zvolenými doplňky. Tyto obavy by vás však neměly odradit od experimentování.

Nemějte strach, když se vám to nepodaří hned napoprvé. *Opravdu* experimentujte. Když si obléknu jednoduché šaty, kostým nebo všední oblečení a chci je nějak oživit, vyložím si na postel několik potenciálních doplňků – sako, vestu, šátek, plášť. Pak si jedno po druhém, někdy dvě věci najednou, obléknu na to, co mám na sobě. Potom se prohlédnu. Některé věci se k sobě opravdu nehodí. Jiné ano, ale můj výběr zavisí na náladě a někdy na cílech. Chci na večírku vypadat obzvlášť šik, nebo chci působit uzavřeněji? Snažím se být nejdřív návrhářem a pak soudcem.

Při zkoušení různých kusů šatstva si pokládám několik otázek. Zaprvé, jak vypadám? Ladí barvy dohromady? Zdá se, že to, co jsem si oblékla navíc, doplňuje původní oblečení, nebo mu spíše konkuruje? Když spolu oblečení nevypadá dobře, jsem první, kdo to uzná. Pak si zkusím něco jiného.

Zde je pár obecných tipů a návodů, které vám mohou pomoci při výběru oblečení:

V chladnějším počasí jsou rolák, svetr či vesta nejen módním svrchním oblečením, ale také vás zahřejí. Mít na sobě příliš mnoho silných vrstev může být ovšem nepohodlné. Takové oblečení brání pohybu, zahaluje celou postavu, takže v něm člověk může vypadat velice nevzhledně, což určitě nikdo nechce. Trik, jak se tomu vyhnout, spočívá v tom, že určíte nejsilnější vrstvu a ostatní stejně silné oblečení odložíte stranou. Rozhodně odolejte pokušení přidávat na sebe další a další stejně silné vrstvy. Věřte mi, nefunguje to. Nakonec se budete opravdu cítit jako Bibendum.

V létě je nejdůležitější jednoduchost. Materiály jsou tenčí a není třeba se teple navlékat. Spodní prádlo v podobě podprsenky, živůtku či body a navrch propínací šaty jsou skvělou volbou. Často dávám přednost „viktoriánskému" krajkovému živůtku, který nosívám pod lehkými bavlněnými šaty.

V zimě i v létě ráda nosím šátky uvázané na dva způsoby: volný cíp přehozený vzadu přes krk, vpředu zavázaný na jeden uzel a jeho konce zasunuté vpředu do halenky nebo několikrát volně omotaný kolem krku a oba konce vzadu schované pod jeden ze záhybů.

A nezapomeňte: při vrstvení oblečení platí, čím více trénujete, tím bystřejší oko získáte. Jestliže se stále cítíte nejistě, můžete vždy využít vytříbeného vkusu své důvěryhodné přítelkyně. Když jsem se probírala horou šatstva a snažila se najít tu „pravou" kombinaci, často jsem se spoléhala na konstruktivní kritiku svých spolubydlících (a nyní na manželovu).

Jedna moudrá rada: Zjistila jsem, že když si koupíte kvalitní základní klasické oblečení a k tomu pár odvážnějších módních doplňků, přijdete na to, že máte v šatníku víc oblečení za mnohem méně peněz.

Když je řeč o levných nákupech, během doby jsem objevila spoustu skvělých doplňků v různých výprodejích a bazarech. Také je navštivte. Pravděpodobně zjistíte, že si můžete dovolit trochu se odvázat a stejně nepřijdete na mizinu.

Nakonec pár slov o strašáku vrstveného oblečení: statické elektřině! Je to můj největší nepřítel, když si v zimě obléknu nějakou vrstvu z polyesteru a hedvábí, nebo když letím letadlem. Obvykle s sebou mám k boji s ní lahvičku s antistatickým prostředkem. Stačí si párkrát stříknout nad hlavu, do nohavic nebo pod sukni. Dokonce si jím před česáním sprejuji i kartáč na vlasy. Pomáhá to. Díky bohu za cestovní balení antistatických prostředků!

Spousta módních návrhářů je přesvědčena, že černá je nejvhodnější barva pro společenské oděvy, já si ale myslím, že ženy potřebují i něco na oživení. Přesto je pro mě dřina jiné barvy správně vybrat. Černá je báječná jako malířské plátno (dokáže být neobyčejně působivá, když se podtrhne nějakým lesklým šperkem či pěknými střevíčky na podpatku), ale statné a vysoké ženy se mohou v jednobarevném černém oblečení ztrácet. Chcete-li, aby se za vámi lidé otáčeli, musíte být nápadité a dbalé svých tvarů. Líbí se mi pestré doplňky, večerním šatům to dodává pikantní oživení a mně nevšední pocit.

Luxusní dámské prádlo ve větších velikostech je velmi žádané zboží. Obchody nestačí uspokojit poptávku. Soudím tedy, že je to spojeno s tím, jak se začínáme cítit. Statnější ženy se v tomto ohledu od svých štíhlejších sester nijak neliší. Všechny se těšíme ze smyslnosti krásného spodního prádla (i jeho efektu!).

Ženy s většími velikostmi by naopak mohly tvořit na trhu s prádlem mnohem vyšší procento. Obchodníci, pro něž pracuji, mi říkají, že prádlo větších velikostí z obchodů mizí velice rychle, zvlášť na svátek sv. Valentýna, a já musím věřit tomu, o čem naše nákupy vypovídají.

Kouzlo přitažlivosti bezpochyby částečně pramení z touhy se v soukromí od všeho oprostit. Ženy se chtějí cítit sexy především ve společnosti svých partnerů. Krajkové prádélko může ženě pomoci vnímat svou smyslnost a zahnat pocity nedostatečnosti, které nutně musela získat z masově propagovaného ideálu ženských tvarů. Vím, že když si na sebe vezmu nějakou tu rozkošnou nicotnost, změní to úplně moje smýšlení.

Je pravda, že statnější ženy vypadají ve většině typů prádla báječně. Toto je sféra, kde skutečně platí, že více znamená více. Když někdy stojím před zrcadlem (nebo před svým manželem) a v novém sexy prádélku vypadám smyslně, v duchu si pomyslím: *Ráda bych viděla v něčem takovém tu tyčku z reklamy na džínsy.* Vždycky jsem měla pocit, že by člověk měl trochu předvést, čím byl obdařen, a není lepší místo, kde tyto hojné dary vystavit na odiv, než ložnice, a není lepší způsob, jak tyto dary zabalit, než je opatřit nějakým kouzelným prádlem, jaké se teď prodává v obchodních domech a specializovaných prodejnách všude na světě.

Tak do toho, jen se pochlubte a nechte ty vyzáblé chudinky daleko za sebou.

Další příležitostí, jak zvýraznit naši přitažlivost, jsou skvělé plavky. Já potřebuji plavky, které mi dobře sedí, když se vznáším na vlnách nebo plavu, ne něco, co ze mě při vylézání z vody spadne nebo mě někde odhalí. Trik je v tom nalézt plavky s dobrým všitým vyztužením – takové, které vám padnou přes prsa a brání poklesnutí a sedí dobře i všude jinde, takže se vám nebudou vzadu zařezávat. Rozhodně si nekupuji plavky s nařasenými elastickými lemy. Svědčí mi vysoce vykrojené nohavičky, které dávají vyniknout mým dlouhým nohám a přitom odvádějí pohled od mých boků. Tento typ plavek poutá pozornost na pěkně tvarované nohy a lichotí silnějšímu trupu.

Na odhalených zádech v plavkách je něco neuvěřitelně smyslného a pro většinu statnějších žen jsou záda partií, kterou mohou sebejistě ukazovat. U jednodílných plavek možná objevíte střih ve stylu spodničky, který lichotí partii stehen a dodává vzhledu jemnou ženskost. Dvoudílné plavky nejsou ve větších velikostech, jak se zdá, tak oblíbené, ale není důvod, proč je nenosit. Pravda, hodně střihů bylo vytvořeno s představou útlé, drobné postavy, ale existuje spousta dvoudílných plavek, které sluší právě silnějším ženám.

Čas od času nosím bikiny. Chvíli mi trvalo, než jsem se v nich dokázala na veřejné pláži cítit uvolněně, ale teď už mě to těší. Mezi americkými ženami jsem skoro jediná, ale po celé Evropě nosí ženy i těch nejbujnějších tvarů úplně maličké bikiny. V evropském přístupu k lidskému tělu je cosi povzbudivého.

Přejděme od plavek ke svrchnímu oblečení. Odmítám si kupovat ty ohromné kabáty s ramenními vycpávkami bez ohledu na to, jak jsou populární. Do města jsou nešikovné zvlášť ve velkých velikostech. Možná jsem v tomhle trochu nemoderní, ale to nevadí.

Všude se teď vyrojily parky, což je nejnovější móda mladších žen, ale ženám s mou postavou příliš nesluší. Člověk v ní může vypadat uvolněně a sportovně, ale já dávám přednost teplému, elegantnímu kabátu s rovnými liniemi. Klasický dlouhý, úzký kabát z vlny nebo velbloudí srsti ve mně vzbuzuje pocit vznešené krásy a patřičně zdůrazní všechno, co mám pod ním.

Pelerína sluší všem ženám. Je to jedno z mála oblečení, v němž všechny vypadáme elegantně. Čím jste silnější, tím na tom u peleríny méně záleží. Za chladných večerů nejlépe zvýrazníte své oblečení dlouhou pelerínou – třeba i s kapucí. Dodá vám půvab a báječně podtrhne vaši urostlou postavu.

Kabáty a peleríny tvoří asi jedinou výjimku z mého pravidla, že nakupuji věci, které si mohu užít hned. Ty si kupuji dopředu, mimo sezonu. Módní trendy se rok od roku tolik nemění. Úspory z výprodeje mohou být značné, zvláště u doprodeje luxusního zboží.

Nákup bot je pro mě další trauma. Vysoké ženy mívají obvykle velkou nohu (kdybychom neměly, kácely bychom se!), ale tomu není přizpůsoben sortiment módní obuvi. Existuje jen pár celostátních sítí, které mají na skladě slušný výběr různých typů bot všech velikostí. Nejprve hledám pohodlí a pak se zabývám tím ostatním. Nutně potřebuji boty s pevnou oporou klenby – domnívám se, že i řada z vás. Také si přeji něco, co nebude tlačit na palcích. Vysokánské podpatky jsou nesnesitelné, ale nižší podpatek pěkně odlehčuje lýtko a prodlužuje nohu.

Rubínově červené střevíce už naštěstí vyšly z módy. U bot jsem opatrná na všechno křiklavé, co může přitáhnout přílišnou pozornost na jednu z mých nejméně atraktivních partií. Méně riskantní volbu představují neutrální tóny jako světlehnědá, hnědá nebo černá. Pro běžné nošení se k džínsům dobře hodí bílé plátěné tenisky. Skvěle se v nich chodí na výlety, ale na neformální schůzky si raději beru klasické střevíce s nízkým podpatkem nebo sandály. Kozačky představují další pohodlnou obuv se širokou nabídkou. Vyšším ženám báječně sluší některé typy pánských bot, zvláště kovbojské holínky.

Právě tak jako skutečná krása vychází zevnitř, platí totéž i pro oblečení. Ty nejúžasnější šaty na světě na neživém těle nijak nevyniknou, kdežto i ty nejjednodušší mohou vypadat úchvatně, nosí-li se jaksepatří. Neberte mě příliš za slovo. Experimentujte a vytvořte si vlastní styl. A pamatujte si: Vaše šaty vám mají lichotit, nikoli vás reprezentovat; vy se reprezentujete samy.

15

Převzetí zodpovědnosti

Mezi finalisty ucházejícími se o získání prestižního vědeckého stipendia na univerzitě ve Westinghouse udělovaného nejlepším středoškolským studentům v celém státě byla v roce 1996 mladá žena z Lawrence ve státě New York jménem Juliette Taskaová. Získala ocenění za jednoduchý způsob, jakým odhalila jeden ze základních neduhů naší dietami posedlé společnosti. Proto zde stojí za to se o ní zmínit.

Juliette, přespolní a dráhová běžkyně, si všimla krátkého článku ve starém čísle časopisu *Runner's World (Běžecký svět)*, který se zabýval důkladnou studií o výživě vypracovanou na Macalesterově univerzitě v St. Paulu v Minnesotě. Zdejší profesor provedl zajímavý výzkum při hledání vzájemného vztahu mezi reklamou a držením diet na základě teorie, že určitá poselství vlastně povzbuzují určité lidi, aby jedli.

Juliette a její kamarádky se dlouho bavily o nárazových dietách – o tom, proč se zdá, že vůbec nefungují, o tom, jak firmy vyrábějící tyto diety kladou nemožné požadavky, jak někteří lidé nejsou schopni kontrolovat, co jedí – a nad tímto krátkým článkem dostala Juliette skvělý nápad: Dát dohromady skupinu spolužáků a napodobit studii z Macalesteru ve své škole.

„Vždycky jsem si myslela, že reklamy na diety nás nutí jíst více a nikoli méně," vysvětlovala, když její zjištění uveřejnily místní noviny, „a toto se zdál být dobrý způsob, jak zjistit, zda je to pravda."

Juliette shromáždila devadesát svých spolužaček, vymyslela si zastírací historku o tom, že zkoumá chutě mladých žen v různých fázích menstruačního cyklu, a snažila se dokázat svůj názor. Rozdělila své kamarádky do dvou skupin a každou odděleně pozvala na promítání nejdojímavějšího hollywoodského filmu, jaký sehnala. Před každou divačku postavila odměřené množství lentilek a slaných burských oříšků. Skupiny byly sestaveny podle věku, etnické příslušnosti a ekonomické úrovně. Před promítáním přidala na jednu filmovou pásku reklamy znázorňující vžité představy o ženském těle, které propagovaly výrobky, jako jsou šampony a líčidla, a na tu druhou neutrální reklamy na nákladní auta a donáškové služby. Přiměla také účastnice vyplnit dotazník s otázkou, zda mají či nemají sklon držet diety.

Jejím záměrem bylo zjistit, jestli pravděpodobné vyznavačky diet pod nátlakem reklam zobrazujících modelky a zkrášlovací výrobky snědí víc než pravděpodobné vyznavačky diet konfrontované s neutrálním poselstvím a jestli stejným podnětům podlehnou i ty, co diety nedrží.

„Film byl důležitý, protože představoval velké citové rozrušení," objasňovala Juliette. „Každého rozjitřil. Středem zájmu se tedy staly osudy hlavní hrdinky, nikoli reklamy a snad ani jídlo. Chtěla jsem zjistit, co snědí, když na to nemyslí, když se jejich mysl zaměří na něco jiného."

To, nač Juliette přišla, ji vůbec nepřekvapilo, ale naopak potvrdilo některé její dohady. Vyznavačky diet s modelkami v reklamách snědly dvakrát tolik než jejich kolegyně z kontrolní skupiny bez reklam. Dvakrát tolik! A nezapomeňte, že tyto „reklamy na krásu" nepropagovaly přímo určité diety či prostředky na zhubnutí. To, co ve skutečnosti prodávaly, byl ideální vzhled, způsob, jak jít světu vstříc a nastavovat mu svou nejlepší tvář, a přesto toto poselství vzbudilo mezi zranitelnějšími studentkami neodolatelnou chuť k jídlu.

„Tento výsledek jsem očekávala," konstatovala Juliette později. „Je to v podstatě totéž, co zjistili v původní studii. Stále jsem však nechápala proč. Proč nás pohled na superštíhlou modelku nutí sáhnout po sladkosti? Proč v nás i pouhé pomyšlení na vlasy či lak na nehty probouzí hlad? Možná je to faktor psychologického zastrašování. Víte, možná začneme uvažovat takto: Proč si něco namlouvat? Vidím v televizi a v časopisech všechny ty krasavice, jenže já tak vypadat stejně nikdy nemůžu, takže se klidně najím. To nám říká, že samotné reklamy mění rozpoložení lidské mysli a nutí lidi chtít více jíst. A to je nebezpečná věc."

Mezi svými kamarádkami ve škole má Juliette, jak sama říká, dosti výlučné postavení. S výškou 152 cm, váhou 45 kg a pevnou atletickou postavou netrpí stejnými problémy jako jiné dospívající dívky. Před bojem s nadváhou ji chrání vydatný tréninkový režim. „Tady u nás je báječné být štíhlá," připouští, „zrovna tak jako všude jinde, ale bylo by skvělé, kdyby se za stejně důležité pokládalo zdraví a tělesná kondice. Spoustě děvčat záleží na tom, jak vypadají, ne jak se cítí. Neuvědomují si totiž, že opravdu zdravý člověk je krásný."

Ne, Juliette, neuvědomují si to. A nejsou to jen středoškolské studentky, kdo toto poselství nepochopil. Máme v tom trochu zmatek všechny, jsme lapené v nesprávný čas na nesprávném místě. Jsme bezbranné proti všem druhům mediálních poselství, zapomněly jsme na to, co jsme kdysi pokládaly za krásné, toužíme po trvalém uspokojení a netrpělivě čekáme, že se módní trendy zvrátí v náš prospěch. Díváme se v čekárně u lékaře nebo v letáku od pojišťovny na zastaralé tabulky s doporučenou váhou v poměru k výšce a vidíme jen spodní hranici. Statistiky nelžou, ale neříkají vždy celou pravdu. Praví-li čísla, že bychom měly vážit padesát až šedesát kilo, většina žen si vezme za cíl padesát, i když ve skutečnosti mohou mít postavu, která přirozeně směřuje k druhému konci rozmezí. Zapomínáme na to, že hovoříme o váhovém *rozmezí*. Vymiňujeme si uvěřit tomu, že méně je více, i když více může být přesně to pravé.

Reklamní pracovníci svými vábivými a přesvědčovacími metodami odvádějí dobrou práci – ženy kupují jejich zboží, protože ho *potřebují*, nikoli protože ho chtějí. Věříme všemu, co slyšíme a co nám vnucují? Zastavte se a zeptejte se samy sebe, jak to vlastně je, a možná některé odpovědi naleznete samy u sebe. Vezměme opět zodpovědnost do svých rukou. I když já nejsem zrovna ta pravá, kdo má co říkat. Pořád například sháním dokonalý hydratační krém. Už jsem vyzkoušela nejméně padesát značek. Žalostné? Myslím, že ano. Kdykoli mám dojem, že jsem našla ten nejlepší, nechám se zlákat reklamou a vyzkouším jiný.

Neumím si představit dobu, kdy první dojem byl tak důležitý jako dnes. Náš život je natolik rušný a naplánovaný, že nám vůbec nezbyl čas na chybné kroky. Netroufáme si získávat něčí oblibu ani si někoho nechat přirůst k srdci. To, co chceme, chceme okamžitě, jakmile to začneme chtít. Jsme přesvědčené, že když si přejeme žít/pracovat/hrát/milovat určitým způsobem, potřebujeme to provádět v určitém těle. My ale potřebujeme žít podle svých představ se svým obličejem, se svými ňadry, se svými stehny. Kdyby ne, nikdy bychom nebyly šťastné. Dospěly jsme k tomu, že děláme cokoli, jen nejsme samy sebou. Žijeme podle požadavků všech ostatních, a vůbec ne podle svých.

Přemýšlela jsem o tom a obávám se, že se v této šlamastyce budeme ještě nějakou chvíli zmítat, ale věřím, že po malých krůčcích najdeme cestu ven. Začněme od drobností. Budeme-li se snažit rozlišovat ve vlastním životě, nakonec jiskru porozumění vykřešeme i mezi lidmi všeobecně.

Přes všechen pokrok, jaký jsme udělaly v několika posledních letech, žijeme stále v kultuře, kde statné ženy většinou zůstávají stranou. Není to nutně naším vlastním přičiněním, ale takový už je náš úděl. Při práci modelky hodně cestuji a všimla jsem si, že jen velice málo žen v obchodním světě má statnou postavu. Nikdy mi to nepřipadalo divné, dokud jsem nezačala psát tuto knihu. Uvědomila jsem si, že vídám na letištích každý den stovky žen a téměř žádná nemá velikost více než šestačtyřicet. Všechny nosí elegantní oblečení velikosti maximálně čtyřiačtyřicet. Slýchala jsem, že silné ženy dokážou skvěle jednat po telefonu a že je pro ně příjemnější pohybovat se za scénou. Nesmysl! Kolik znáte lidí, kterým by se nelíbila zajímavá práce s možností cestovat a přispívat v přední linii k prosperitě podniku? Umíme skvěle jednat po telefonu, protože je to většinou vše, co po nás zaměstnavatel chce.

Co to o nás jako o společnosti vypovídá, když cítíme potřebu svou „nedokonalost“ skrývat? Určitě jste nikdy nepotkaly žádného plešatého muže, který by kvůli pleši přišel o vysoké postavení v podniku. (Dobrá, mohl by nosit příčesek, ale to už je jiná kapitola.) Chlapíkovi s pivním břichem také nic nebrání v postupu. Vzhled hraje v americkém obchodním světě nesporně ohromnou roli. Chápu to, ale existuje tu jasně dvojí měřítko. Muži mohou vypadat, jak chtějí, zatímco ženy musí odpovídat určitému vzoru.

Například v Německu na vzhledu záleží také, ale tam jde o kvalitní boty, kostýmy, nápaditost v barevných kombinacích, luxusní materiály. Muži i ženy jsou hodnoceni stejně. Viděla jsem silné Němky – s velikostí osmačtyřicet i padesát – ve stejných kostýmech jako jejich štíhlejší kolegyně. A vypadaly velmi elegantně. Zastávaly významná místa a skvěle se tam hodily.

V Itálii jsou muži ve svém obdivu k ženám velice výmluvní. Nikde jinde jsem nebudila tolik kladné, neurážlivé pozornosti jako ve Florencii, kde na ženu hledí jako na ohromný přínos: když má bujné tvary, neměla by se za ně stydět. Nepovažuji to za nežádoucí reakci, ale známku toho, že Italové vědí přesně, co chtějí. Milují nás ve všech podobách! *Grazie!*

Někdy si myslím, že kyvadlo veřejného mínění se zhouplo tam, kde jsou naše těla opět posuzována podle tříd americké společnosti, pouze nyní charakterizujeme třídu novým způsobem. V dnešní době se všechno točí kolem síly a umění se ovládat. Když se dnes přejídáte a tloustnete, znamená to, že jste slabé, že nemáte žádnou vůli a sebeovládání. Čím více se omezujeme, tím jsme pokládány za schopnější a silnější. Věřím, že to vše je úzce spjato s notně narušenými názory na úspěch. U krásných lidí se předpokládá, že mají peníze, není-liž pravda? Jste-li štíhlé, máte moc. Máte-li moc, máte peníze. Máte-li peníze, nalezly jste štěstí. Tak nějak to platí. V New Yorku, v Chicagu, v Atlantě, v Miami, v Los Angeles… je to vždycky stejné. Je to komické, ale vidím to všude, zvlášť mezi mládeží. Jako bychom si přály vypadat, že máme všechno ve své moci, aniž bychom něco ve své moci měly. Jako bychom se chtěly omezovat jen proto, abychom ukázaly světu, že to dokážeme.

Jestli s tím brzy něco neuděláme, budeme proti tomu bezmocné.

Zamyšlení

Dobrou zprávou ohledně sebeuznání je to, že na něm můžete pracovat, kdykoli se vám zachce – třeba pořád, když se vám zlíbí! Koneckonců sama sobě jste k dispozici vždycky.

Možná se společnost zdá být tvrdým oříškem. Je to tak. A je často velmi obtížné posoudit změny, k nimž dochází v takové šíři. Od nynějška budeme zřejmě zachytávat náznaky a známky toho, že nám svět vychází vstříc. Za jeden takový signál považuji své zařazení mezi „padesát nejkrásnějších lidí na světě" v časopise *People*. I tak je však těžké rozeznat rozdíl mezi chvilkovou odchylkou a směrem. Je třeba, abychom se dál zaměřovaly na své dílo a hledaly tato znamení. Hlavně nesmíme ve svém snažení ustat. Výsledky půjdou většinou změřit jen těžko. Proto se nesmíme nechat zdánlivě nedostatečnou změnou odradit. Právě když se nám bude zdát, že se vůbec nic nemění, může docházet k těm největším změnám.

Jak tedy můžeme my, jednotlivci, změnit svět? Můžeme začít tím, že budeme náročnějšími zákazníky.

Už to, že jsem modelka, naznačuje, že oděvní průmysl a maloobchodní síť konečně přišly na to, že ženy s většími velikostmi tvoří šedesát procent zájemců o jejich zboží. Ucházejí se o naši přízeň, jelikož to považují za správné a rozumné. Ucházejí se o naši přízeň, jelikož jim jde o obchod. Máme pro ně velkou cenu. Právě to mějte na paměti, kdykoli provádíte jakoukoli finanční transakci, ať už jde o zboží či služby.

Jelikož máme pro obchodníky velkou cenu, měli by mít zájem poznat, co chceme. A třebaže se zpočátku zdá, že se o to nezajímají, je třeba jim to neustále připomínat. Pokaždé, když jdete nakupovat a nemůžete sehnat slušné módní oblečení ve své velikosti, měly byste obchodníkům dát vědět, že přicházejí o obchod, protože vám nejsou schopni poskytnout žádané zboží. Nestačí postěžovat si prodavačce. Vyžádejte si vedoucího. A ještě lépe nákupčího. V některých obchodech vedoucí či nákupčí opravdu nemusí vědět, že šedesát procent Američanek má větší velikosti. Buďte tedy zdvořilé, ale svou situaci jasně vysvětlete. Myslete si, že hrajete roli učitele. Chcete šaty, které vám padnou. Módní oblečení z kvalitního materiálu. Tytéž, jaké by chtěla kterákoli žena s velikostí třeba dvaačtyřicet. Jste zákaznice, máte peníze a jste ochotné zaplatit. A venku je vás ještě spousta.

Bude nás slyšet, pouze když budeme ochotné veřejně povstat. Vím, je to těžké. Je třeba se dožadovat svých práv neústupným trváním právě na těch rysech našeho vzhledu, které nám působí nejvíce starostí. Když se však nezastaneme samy sebe, kdo jiný to za nás udělá? A jestli povstaneme společně, jen pomyslete, jak mocný může být náš hlas.

Tato ochota nechat se slyšet se týká i ochoty být vidět. Vím, že mnohé z nás se stydí jít do fitness klubů přeplněných štíhlými svalnatými těly navlečenými do nejmódnějších značkových trikotů. Není to legrace cítit se mezi těmihle pevnými postavičkami jako kulička, ale musíme být statečné. Čas od času se cítí nejistě *každý*. Oblečte si pohodlný cvičební úbor a ukažte se. Většina klubů má k dispozici odborníky, kteří pomáhají vytvářet vhodné programy pro klubové členy. Nestyďte se někoho takového požádat, aby pomohl sestavit program pro vás. (Také se doporučuje poradit se před zahájením každého cvičebního programu s lékařem.)

Možná nemáte bůhvíjakou kondici, ale každý musí nějak začít. Neostýchejte se požádat v začátcích o pomoc. Vyžádejte si pohovor s trenérem. Upřímně přiznejte, nakolik uznáváte fyzickou kondici. Řekněte si o pomoc při sestavení správného aerobního programu. Pak se jím řiďte.

Až to párkrát zkusíte, promluvte si opět s trenérem. Mnoho programů vyžaduje jemné doladění. A až si zlepšíte kondici, budete možná chtít, aby byl váš program náročnější. Opět se o tom poraďte s trenérem. Od toho tam je. A je-li takový jako trenéři, které znám já, pak se mu nic nezamlouvá víc než práce se zaujatým klubovým členem, který poslouchá, co se mu říká.

Vím, že se vás zmocňují hrozné obavy. Vím, že máte možná pocit, že jste strašně nápadné. Mohu vám říci jediné: zhluboka se nadechněte a překonejte to. Nikdo jiný než vy se za vaše práva nezasadí. Nikdo jiný než vy se nemůže v těchto situacích prosadit. Nezačnete-li odněkud, nemůžete dělat pokroky. A až to jednou překonáte, až překonáte tuto první překážku a dáte se do toho, zjistíte, že být vidět je pokaždé o něco snazší.

Cestování je pro mnohé z nás další problematickou sférou. Všude v letadlech, vlacích a autobusech jsou úzká sedadla. Když letím letadlem, vždycky žádám sedadlo do uličky. U uličky mám pocit většího prostoru a nemusím přelézat lidi, abych se dostala na své místo. Podle toho, jak je letadlo obsazené, můžete také požádat, zda byste si mohly přesednout tam, kde je prázdné vedlejší sedadlo. Pak můžete zvednout opěrku na ruku, a získat tak víc místa.

Toto je opět jedna ze situací, kdy musíte vyvinout iniciativu samy. Musíte si pro sebe něco vyžádat. I když letušku napadne vás přesadit, abyste měly víc místa, možná vám to nenabídne ze strachu, aby vás neurazila. Musíte o to tedy žádat samy.

Kdykoli jednáte s někým z těchto lidí – s vedoucím či nákupčím v obchodě, s trenérem, s letuškou – uvědomte si, že tón konverzace udáváte vy. Vy jste rozhovor zahájily. Osoba, na niž jste promluvily, přebere tón od vás. Jestliže si tedy před takovým rozhovorem budete v duchu dodávat odvahy, připomeňte si, že jednáte zcela v mezích svých práv. Váš požadavek stojí za úvahu. Vy si to zasluhujete. Snažte se nepodlehnout nervozitě a rozpakům. Neomlouvejte se, neděláte nic špatného! Vyjádřete svůj požadavek či otázku klidně. Dívejte se lidem do očí, ale nikoli vyzývavě. Když si na něco stěžujete, dejte osobě, s níž hovoříte, svým tónem a jednáním najevo, že nesvádíte vinu na ni. Jestliže si zjevně myslí, že ji obviňujete, výslovně jí řekněte, že nikoli. Pouze jí oznamujete svou stížnost či požadavek jako zástupci obchodu/fitness klubu/aerolinií.

Možná se vám dostane většího pochopení, než jaké očekáváte. Je-li oděvní průmysl důkazem měnících se časů, myslím, že uvidíme více obchodníků, výrobců i provozovatelů služeb, kteří se budou snažit vyhovět našim potřebám a rozvíjet s námi obchodní styky. Pokud jde o nás, potřebujeme se vyjadřovat. Chceme-li být vyslyšeny, musíme být ochotny povstat, aby se s námi počítalo.

16

Tvorba osobního stylu

Velmi úspěšnou pomocnou strategií, jak přijmout vlastní vzhled, je vytvoření osobního stylu. To, co sluší hubeným, nám asi slušet nebude. Můžete hledat vzor s postavou, která odpovídá té vaší, ale možná ho nenajdete – alespoň prozatím. Dokud tedy nebudeme v médiích vídat více lidí, kteří vypadají jako my, musíme se spoléhat na vlastní tvůrčí schopnosti a nápady. Neexistuje žádná výmluva, proč nebýt originální! Nepovažujte to za obtížný úkol, ale spíše za příležitost.

Dovolte mi, abych pro začátečnice – a pro zbourání zábran – uvedla jeden pozoruhodný příklad ženy, kterou už natolik unavil nedostatek módního oblečení ve větších velikostech, že se rozhodla vytvořit si vlastní styl.

Joan je obchodnice se starožitnostmi ze severní Kalifornie. Při velikosti čtyřiapadesát se vzdala diet. Cítila, že nemá motivaci cvičit. Nelíbilo se jí, jak vypadá ani jak působí, ale na své tělo rezignovala. A tak se jednoho rána probudila a rozhodla se, že začne útočit na představy lidí o tom, jak by měla vypadat. Odhodlala se učinit zásadní obrat. Oholila si proto hlavu, nakoupila modré a oranžové rtěnky a ohromně nápadnou bižuterii a svou starou garderobu vyměnila za rozevláté peleríny a bizarní prádlo. Ona sama by jako první uznala, že její přístup připomínal maškarádu, ale když vyrazila mezi lidi, nikdo ji nemohl přehlédnout.

„Lidé se na mě hned dívali jinak," vzpomíná Joan. „Bylo to

jako ohromné procitnutí. Celý život jsem nosila ty příšerné beztvaré pytle. Vždycky jsem se tak nějak stahovala do kouta, ale už jsem toho měla právě tak dost. Nevím, co mě přimělo něco udělat, ale stalo se. Vážila jsem sto osm kilo a věřte mi, že takové tělo se těžko skrývá, mně se to dosud nějak dařilo a lidé mi to ochotně umožňovali.

Dospěla jsem však do situace, kdy jsem potřebovala vyrazit ven a něco udělat. Potřebovala jsem na sebe upoutat pozornost. Dříve jsem žila v neustálém strachu, že si mě někdo všimne, ale přesně to jsem potřebovala. Potřebovala jsem se *vymódit*. Potřebovala jsem jít mezi lidi. Zkrátka jsem potřebovala cítit, že jsem. Kdybych to necítila, zbláznila bych se, takže jsem se trochu vybláznila s oblečením a líčidly. S tím jsem problémy neměla. Vždyť se to ani moc nelišilo od některých těch otřesných modelů, jaké vídáte na módních přehlídkách v Paříži. Tyhle dívky také chtějí, aby se za nimi každý otočil. Jejich styl nosit nemohu, ale mohu si vytvořit svůj vlastní."

Dnes Joan soudí, že už se za ní otočilo tolik hlav, že její sousedé musí trpět chronickou hyperflexí krku. „Teď je to pro mě skoro jako hra," přiznává, „snažím se trochu šokovat. Nechala jsem se dlouho zastrašovat, a tak jsem si řekla, že je načase, abych si zastrašování vzala na starost sama. Nevadí mi, když je lidem v mé společnosti trapně. Je mi to skutečně jedno. Je to lepší, než kdyby bylo mně trapně v jejich společnosti. Jednou jsem přišla na obchodní schůzku s náplastí na oku. Jen tak, abych udělala trochu rozruch. Ti lidé mě všichni znali. Věděli, že s očima nic nemám, ale nikoho už ani nenapadlo se zeptat, jestli jsem v pořádku. Připadalo mi to úplně senzační. Nejspíš si řekli: ‚No to víte, to je zkrátka celá Joan.'"

Joanin styl může být na váš vkus příliš extrémní, ale její rozhodnutí představuje pouze určitý způsob řešení v neomezené škále možností. Dodejte si odvahu. Zbavte se zábran. Buďte smělé. Nebojte se experimentovat, dokud nenajdete styl, který se vám osvědčí.

Nebojte se být ani zásadové. Když objevíte konkrétní typ halenky, která vám dobře padne a sluší vám, proč ji nekoupit v několika dostupných odstínech? Totéž platí o kalhotech a sukních. Máte-li obavy z jednotvárnosti, můžete si určitě hodně pomoci doplňky, které váš styl přikrášlí.

Nebojte se s ohledem na svůj styl osvěžit své oblečení módními trendy. Jestliže je vrcholnou módou těsný top odhalující bříško, nemusíte cítit povinnost se k této módní vlně přidat – pokud nemáte odvahu. Rozhodujte se svobodně.

Vždycky se můžete „odvázat" s jedním celkovým oblečením nebo jedním kusem šatstva. S čím se asi experimentuje obtížněji, jsou vlasy. Jestliže jste objevily účes, který vám sluší, rozhodně se ho držte. Mnoho žen však nosí vlasy upravené určitým způsobem jen proto, že je tak nosily vždycky.

Jestli si myslíte, že jste už měly účes dávno změnit, jděte ke kadeřnici, které důvěřujete. Smluvte si schůzku s vizážistkou a poraďte se s ní. Zapomeňte na fotky účesů, které se vám líbí. Co vypadá dobře na snímku, nebude se nejspíš hodit k vašemu typu vlasů a tvaru obličeje. Proberte s odbornicí některé z možností a rozhodněte se. Nový účes je možná právě tou změnou, kterou hledáte.

Nedoporučuji však změnu samoúčelnou. Ráda zvažuji možnosti výběru. Ale to je asi součást *mého* osobního stylu. Součást vašeho to být nemusí!

17

Najděte si svůj klidný a bezpečný přístav

Abychom pochopily, jaké pocity v nás někdy vyvolává společnost, v níž žijeme, musíme se snažit pochopit svět kolem nás a převzít zodpovědnost za své místo v něm. A musíme přijmout skutečnost, že naše společenské hodnoty jsou proměnlivé: Co je dnes v módě, zítra bude nemoderní. Světem hýbe kyvadlo veřejného mínění a my nemůžeme sedět a čekat, až se zhoupne zpátky, abychom se cítily lépe. Musíme ho trochu popostrčit.

Uvažujte: Cesta od Twiggy ke Kate Mossové nebyla úplně přímočará, ale zavedla nás tam, kde jsme byly. Tedy tu jsme. Opět. (A tak brzy!) Cestou jsme nakrátko udělaly místo typické americké blondýnce se svěží tvářičkou, která nám pověděla, jak je prima trochu přibrat, mít trochu plnější hrudník. Pamatujete si, kdy byla v módě rýha mezi ňadry? A rozzářené úsměvy? Na krátkou dobu počínaje koncem sedmdesátých let nabízely Cheryl Laddová, Farrah Fawcettová a Christie Brinkleyová styl kypící životem, ale kyvadlo se zhouplo zpátky k nemožně vyzáblým modelkám.

Znepokojuje mě to. Možná to znepokojuje i vás. Nemůžeme být všechny stále královnami krásy. Kdyby ano, přišly bychom o všechny ty směšné pocity, jako je závist, zklamání a nepřející zášť. Nevěděly bychom, co to je cítit se provinile kvůli tomu, co jsme snědly, nebo stydět se za to, jak vypadáme. Potřebujeme mít něco, oč se snažíme, něco, čeho nedosáhneme, něco, co si budeme vyčítat. To činí věci zajímavými.

Přemýšlejte o poselstvích, která na nás dennodenně útočí – v časopisech, televizi, novinách. Nehovořím pouze o reklamách, ačkoli ty v tom hrají velkou roli, ale o celkovém obrazu. Spoustu z nás tne do živého to, že za peníze se dá koupit absolutně všechno, i citové uspokojení. Podporují nás nebo přemlouvají, abychom byly tím, kým chceme být? Povzbuzují nás, abychom žily bohatý, naplněný život, v němž je hloubka a vyrovnanost? Myslím, že ne. Podle mého názoru jde v našem světě pouze o to, kdo umí vydělat větší balík peněz za bezvýznamné výrobky, které rozhodně nemohou poskytnout slibované štěstí. Neustále nám tvrdí, že když si koupíme tento odšťavňovač nebo tuto cvičební pomůcku, budeme se cítit lépe, vypadat lépe, budeme zdravé. Dává to smysl? Odkdy masová spotřeba nahrazuje přirozenou vřelost a důvěru v lidských vztazích při řešení problémů? Odcizily jsme se svým citům do té míry, že už nekomunikujeme, když potřebujeme lásku, uznání či naslouchající ucho? To opravdu věříme, že materiální věci jsou řešením? Některé nákupy mohou poskytnout krátkodobé povzbuzení, ale jde o to, kam to vede. Ano, určité zboží vás může do jisté míry učinit šťastnými, ale existuje moment, kdy se rozhlédnu po svých nákupech a divím se svým představám.

Postavme se k tomu čelem: jediný, kdo může váš život podstatně změnit, jste vy. To je celý problém. Nic, co si můžete koupit z katalogu nebo v teleshoppingu, pro vás nemůže udělat tolik, jako pro sebe můžete udělat vy samy. I motivační kniha jako tato je pouze východiskem k tvrdé (ale pozitivní) práci, kterou máte před sebou. Znám to ze své zkušenosti. Kdykoli jsem v životě potřebovala povzbuzení, utrácela jsem peníze za každý všelék, co jsem sehnala i v době, kdy jsem neměla na rozhazování. A ve skutečnosti jsem potřebovala pohlazení, přítele nebo duchovní splynutí. Moje tehdejší přejídání odráželo skutečný nedostatek sebeovládání, neschopnost naplnit své potřeby v rovině těch nejhlubších citů. Nyní své činy chápu, ale tehdy to bylo peklo, a teprve když jsem si vytvořila síť starostlivých kamarádů a kamarádek, podařilo se mi nalézt podporu potřebnou ke změně svých špatných návyků. Odnaučovala jsem se jim podobným způsobem, jako se cvičí pes. Učila jsem se neshazovat se, nehledat chybu za to, že nejsem dokonalá, u sebe.

Klíčem k mé osobní spáse bylo vyjít vstříc – nejen druhým lidem, ale vylézt ze své ulity a ověřit si správnost svého počínání ve svém okolí. Opora přátel, zkušení rádci a můj trpělivý, milující manžel Phil mi nesmírně pomohli, ale byla jsem to já, kdo se konečně pořádně dopálil a zastal se sám sebe. Měla jsem toho dost: Už se nechci kritizovat. Venku čeká dost lidí, kteří to udělají za mě, ale skutečně báječný objev je to, že existuje mnohem víc těch, kteří trpí stejně jako já. Konečně jsem to pochopila: Jestliže necítíte, že si své místo ve společenství lidí zasloužíte, pak tam nikdy doopravdy patřit nebudete. Je třeba pomáhat druhým, aby se cítili lépe, a pak se budu cítit lépe i já. Je třeba cítit sounáležitost, abych nakonec někam patřila. Je třeba naslouchat druhým ženám, když mluví o svých problémech s váhou, o nízkém sebevědomí a negativních představách o svém těle, abych pochopila ty své a mohla jít dál.

Nebyla jsem v tom sama, ani vy nejste, a já upřímně doufám, že toto poselství uspěje. Věřte mi, prosím, že čím víc jsem se otevírala, tím víc jsem viděla sama sebe takovou, jaká jsem doopravdy byla. Čím to je, že máme sklon každého od sebe odstrkovat? Máme strach, že nás budou pokládat za bezcenné? Jsme zvyklé si myslet, že naše hodnota musí být udána posledními módními trendy? Jasné je, že všechny potřebujeme bezpečný přístav, místo, kde jsme upřímné k druhým i samy k sobě. Je škoda, že víc z nás se nemůže opřít o ostatní s podobnými zkušenostmi, aby nám pomohly překonat zlé časy, ale nemusíme to tak nechat. Pojďme vrátit věci zpátky, jak bývaly, než elektronická éra oslabila naši schopnost vzájemně se ovlivňovat. Dejme našim starým pořádkům další šanci. Začněme od maličkostí. Ve vašem okolí je nejspíš tucet lidí, kteří hledají společníka na procházky nebo partnera na ranní běh. Najděte se navzájem. Vaše rodina možná potřebuje začít sportovat. Pomozte jeden druhému. Pohovořte si o tom. Nad výsledky užasnete.

Nedávno jsme s Philem obědvali v italské restauraci v nákupním středisku poblíž našeho domu. Posadili jsme se vedle stolu se čtyřmi ženami. Vykládaly si o tom, co jejich nová cvičební pomůcka udělá s neforemnými tělesnými partiemi. Tyto ženy všechna jídla přepočítávaly na kalorie, čas trávily cvičením a přemýšlením, jaké nové náčiní si koupí. Náš nechtěný odposlech jejich rozhovoru udal tón celému dni. Později ve frontě u pokladny jsme vyslechli, jak se nějaká žena vychloubala přítelkyni, že zhubla při „báječné" nové dietě. A ještě později jsem v obchodě s oděvy viděla, jak se asi čtyřicetiletá žena snažila nacpat do šatů určených pro někoho o polovinu mladšího a o polovinu hubenějšího.

To, co se dělo v onom nákupním středisku, se jen málo lišilo od toho, co se děje každý den na mnoha místech. Natolik jsme propadly snaze o dosažení dokonalé postavy, že jsme, jak se zdá, nabídly výměnou svou jedinečnost. A kdo je vůbec dokonalý? Kdo stanovuje měřítka? (A proč jim to dovolujeme?) Kdyby bylo možné „dokonalé" tělo získat, o co dalšího bychom usilovaly?

Nechci tvrdit, že fyzické sebezdokonalování je špatná věc. Vlastně ho podporuji, ale pouze jako součást celku, nikoli jako celek sám. Když jednou samy sebe vykreslíme jen podle zevnějšku, ujde nám podstata toho, kdo vlastně jsme. Mysl, tělo a duše. Některým z nás se určitě podaří dosáhnout dokonalé postavy panenky Barbie, ale při tom snažení na úkor všeho ostatního ztratí jedinečnou osobitost, která je každému určena.

A ještě další věc: Nesouhlasím s mnoha ženami, které jsou přesvědčené, že jsou v zajetí pomalého metabolismu či „set-pointu". Podle teorie set-pointu se tělesná váha pohybuje kolem určité hodnoty a je velice obtížné ji snížit. Potíž s teoriemi pomalého metabolismu a set-pointu je ten, že když se s nimi ztotožníte, nemůžete selhat a zodpovídat za to. Vaše váha je zkrátka hotová věc, vrozeně, nejspíš geneticky předurčená od narození. Uznávám, že mnoho obézních lidí skutečně trpí pomalým metabolismem. Oběma těmto teoriím však vyčítám, že jsou příliš deterministické, a tím odstraňují aspekt osobní zodpovědnosti. Přemýšlím, kolik žen by si skutečně rádo osvojilo zdravější výživu a cvičební program, ale zdráhají se to udělat, neboť se smířily s tím, že mají pomalý metabolismus či set-point. Kolik žen váží víc než je jejich „zdravá" váha, protože si nechaly vnutit jednu z těchto teorií?

Mám sklon odmítat každou výmluvu, která řeší potíže příliš jednoduše. Podle mě jsou ve skutečnosti tyto teorie oslabující a působí samy proti sobě. Změnit způsob, jakým o sobě smýšlíme, vyžaduje hodně sil. Je to těžké – a ještě těžší proto, že se předpokládá existence jednotného ideálu. O to hůř, když ho skutečně uznáváme. Žádná z našich strastí a mučivých představ o těle nezmizí bez našeho přičinění. To je dobrá i špatná zpráva. Špatná, protože je trýznivé, že se trápíme zbytečně, leč ochotně, dobrá, protože klíč ke svému konečnému osvobození máme stále ve svých rukou.

Abychom mohly nastavit kyvadlo veřejného mínění do správné polohy, musíme napřed pochopit, že se pachtíme za směšným ideálem. Vyhublá manekýna z titulních stran, sošná kulturistka, silikonem vylepšená fotomodelka v plavkách, opálená atletka, legendární hvězda filmového plátna... naše vzory dokonalosti jsou samy nedokonalé, takže my ostatní vlastně napodobujeme ideál, který neexistuje.

Berte to reálně: Nikdo nevypadá na fotografii tak dokonale bez ohromného úsilí – a značného retušování! Normální modelky, které znám, jsou neustále posedlé svou váhou, hladovějí nebo tráví čas po tělocvičnách. Spousta mužských fotomodelů zase dva dny před fotografováním vůbec nejí, aby jim vystouply linie trupu. Hollywoodské hvězdy musí tolik pracovat na svém těle, aby zářily na plátně, že si najímají osobní trenéry. Je to strašlivě nepřirozený způsob života, a přece těmto modlám dovolujeme, aby nám předepisovaly normy. Jestli o tohle usilujeme, měly bychom si nechat vyšetřit mozek.

Proto si potřebujeme vytvořit prostor, kde budeme mít samy ze sebe dobrý pocit. Potřebujeme najít vhodnou zónu útěchy a povzbuzení. Potřebujeme se podněcovat k úspěchu, a nikoli k nezdaru.

Jak to tedy provést? Svého cíle dosáhneme postupně. Proč bychom nemohly uvažovat v kategoriích, místo abychom se upínaly na jeden ikonografický ideál v podobě modelky či herečky? Určeme si ektomorfní vzor, endomorfní vzor a mezomorfní vzor. Na každou Umu Thurmanovou nechť máme Rosii O'Donellovou, na každého Mela Gibsona nějakého Johna Goodmana. Prohlédněte si paletu různých podob a zaměřte se na ty, které jsou vhodné. Ty ostatní odepište. Jste-li žena se silnou kostrou a plnou postavou, nemá žádný smysl napodobovat nějakou hubenou křehulku z reklamy na džínsy. Když to nejde, tak to nejde. Koneckonců ona zase nemá to, co vy.

Potřebujeme vnímat těla, s nimiž jsme se narodily, realisticky a formovat to, co máme. Bohužel nestačí zaujmout střízlivý postoj a odlít jej z bronzu. Zkuste to raději s hlínou. V této oblasti je třeba trochu poddajnosti. Lidské tělo není neměnný nástroj. Ženské tělo prochází obrovskými přirozenými změnami a s každou změnou se dostavuje i odpovídající změna metabolismu. Jedna změna následuje za druhou. Puberta, postpuberta, těhotenství, laktace, premenopauza, menopauza... téměř jako bychom byly nuceny přibližně každých sedm let vždy znovu nacházet samy sebe. Možná tedy potřebujeme řadu desetiletých plánů na to, jak vypadat co nejlépe.

Proč je pro muže o tolik snazší stárnout, šedivět a tloustnout v pase? My ženy proděláváme celou škálu normálních psychologických a hormonálních změn, které se absolutně vymykají naší kontrole. Je to neustálý boj. Na jedné straně chceme, aby k těmto změnám docházelo, jinak bychom nežily. Ale na druhou stranu se necháváme tímto statem quo zastrašovat. Chceme být takové, jaké jsme byly, ne takové, jaké jsme. Je po nás požadováno, abychom po každé dekádě přijaly nové tělo, nový image, a přitom těmto změnám zůstaly přístupné. Musíme se přizpůsobovat. S věkem se náš metabolismus zpomaluje, takže pokoušíme-li se v dospělosti udržet stejnou úroveň tělesného pohybu v poměru k příjmu potravy, budeme přirozeně přibírat na váze. Režim, jakým jsme se řídily ve dvaceti, nám ve čtyřiceti vynese kila navíc.

Změny se zkrátka dějí, a tak se s nimi vyrovnejme.

Existuje i obchod a my potřebujeme návrháře a obchodní domy ochotné rozšířit parametry svého podnikání tak, aby zahrnovaly většinu Američanek. Udivuje mě, že se módní průmysl rozhodl sloužit jen malé části populace. Nechci nikoho přesvědčovat, ale statistika podává nesporné důkazy. Jestliže šedesát procent z nás má větší velikosti, dobrý obchodnický cit velí nabídnout nám stejné typy a stejný sortiment oblečení jako útlejším ženám. Představujeme dosud nevyužitý trh. Oslovte nás. Prosím. Slibuji, že vám odpovíme. Totéž se týká i žen na druhém konci velikostního rozpětí; mají stejné potíže sehnat šaty ve svém čísle jako my.

Ať všechny kráčíme po stejné cestě a ať tak činíme v botách, které nám padnou a mají šmrnc.

K vytvoření nového žebříčku hodnot samozřejmě potřebujeme mnohem víc než výstroj. Potřebujeme změnu postojů v celé společnosti. Potřebujeme, aby lidé, kteří projektují letadla, autobusy a vlaky, trochu přizpůsobili své návrhy statnějším lidem. Potřebujeme, aby divadla nabízela pohodlnější (a shovívavější) sedadla. Potřebujeme, aby filmoví a tiskoví magnáti velebili rozmanitost lidských podob. Potřebujeme postavit vlastní sebevědomí nad úctu, jakou chováme k lidem, s nimiž se nikdy nesetkáme. Potřebujeme toto sebevědomí vštípit svým dětem. Potřebujeme je naučit, aby začaly přemýšlet o tom, co si vkládají do úst. Také jim musíme povědět, že je správné mít chuť k jídlu a je v pořádku dát prostor i takovým pochoutkám, jako je vepřové žebírko, zmrzlina nebo pořádný kus pizzy. Děláme si starosti s váhou a přitom potřebujeme myslet především na zdraví. A na rodinu. A na přátele. A na práci. A na zábavu. Potřebujeme nalézt způsoby, jak potvrdit správnost své existence bez ohledu na tělo. My všechny máme co nabídnout, aniž to má co dělat s tím, jak vypadáme, klaďme tedy důraz právě na to. Neříkám, že bychom si měly dovolit jíst a neohlížet se na zdraví, ale zdravý postoj k jídlu je stejně důležitý jako cokoli jiného.

Zbavme se také představy, že musíme být nepřetržitě stoprocentně dokonalé. To je přece k smíchu! Ve skutečném životě se nedá nic přikrášlovat a retušovat, takže dokonalost je cíl odsouzený k nezdaru. Skutečným klíčem je vyrovnanost. Jestliže se jeden večer přejíte, druhý se mírněte, ale potěšení z lahodného pokrmu si neodpírejte. Zjistěte svou „rozumnou váhu" a snažte se ji udržovat. A berte rozumně lékaři doporučovaná váhová rozpětí. Buďte spokojené, i když se nacházíte uprostřed či na horní hranici rozmezí. Je bláhové si myslet, že můžete dietou zhubnout na váhu, jakou jste nikdy v dospělosti neměly. Když jste pětapadesát kilo nevážily ani na vysoké škole, nemůžete čekat, že tolik budete mít na dceřině promoci.

A konečně, když už se zabýváme tématem držení diet, snažme se od tohoto výrazu odpoutat. Již dříve jsem napsala, že až budu mít děti, slovo *tlustý* bude v mé domácnosti zakázané a mám v úmyslu vykázat odtud i *dietu*. Pro mnohé z nás je tohle slovo svázáno s pojmem nezdar, neschopnost a zklamání. Mluvíme o něm jako o nějaké módě, kterou vyznáváme, jako o něčem, co nás charakterizuje. Dovolily jsme, aby se držení diety stalo eufemismem pro držení hladovky a jako takové už neslouží svému účelu. Měly bychom si prokázat laskavost a přistoupit k celému problému z jiného úhlu. Nechápu, proč je vůbec třeba tolik se tím zabývat. Koneckonců stejně ani tak nedržíme dietu, jako spíše měníme své stravovací návyky, proto tomuto tématu nevěnujme víc pozornosti, než si zaslouží.

Jakmile si stanovíme vlastní normy a vlastní termíny, můžeme být, jaké chceme. Jen si potřebujeme pomoci navzájem i samy sobě.

Zamyšlení

Představte si, že najdete na kraji silnice starou minci. Jste uprostřed pustiny a na minci roky útočily přírodní živly. Je celá špinavá, rezavá, hlava státníka je setřená do rozmazané skvrny. Už to ani není mince, ale kulatý plíšek.

Zprvu si pomyslíte, že nestojí za námahu ji sebrat. Zastavíte se však, zvednete ji a vtom se stane úžasná věc. Obrátíte ji na rub a odhalíte svítivý lesk mědi, která se na ranním slunci blýská stejně jako v den, kdy ji vyrazili.

Co tím chci říci? Připomíná mi to, že my všechny

máme svůj jasný měděný lesk, který čeká, až ho někdo odkryje. Mně se to jednou přihodilo a tehdy jsem pochopila; ať už jste ve svém životě udělaly či neudělaly cokoli, vždycky to můžete změnit a začít nanovo. Každičký den můžeme dát svým životům nový směr. Můžeme se snažit být co možná nejlepší. Nedovolte, aby vás omezovala špína a rez. Vězte, že když se seberete a oprášíte, naleznete vespod lepší já. (Skutečně!)

Vězte, že s časem přichází porozumění, s porozuměním přichází odpuštění a s odpuštěním přichází síla.

Vězte, že existují části vaší osobnosti, které ještě čekají na odhalení.

Vězte, že když budete nečinně čekat, bude to jedině horší.

Vězte, že když se seberete a očistíte, můžete ve svém životě udělat zásadní obrat.

18

Má to co dělat s…

Teď si uvědomuji, že to má co dělat se spoustou věcí. Má to co dělat s poznáním osoby, jakou jste byly, osoby, jakou jste nyní, a osoby, jakou se chcete stát. Má to co dělat s udržováním správného pohledu na sebe samu.

Má to co dělat se zjištěním, co chcete, a poznáním, jak to získat.

Má to co dělat s vírou v sebe.

Má to co dělat s vírou – s vírou v něco či někoho většího, než jste vy; s vírou, že všechno je možné.

Má to co dělat s láskou.

Má to co dělat se stanovením reálných cílů a usilovnou snahou jich dosáhnout. (Kdosi mi kdysi řekl, že to má co dělat i se stanovením nereálných cílů, jen aby měl člověk oč usilovat.)

Má to co dělat s nalezením pozitivních názorů, na nichž se dá stavět.

Má to co dělat s upřením pohledu za „problémové partie" a objevem charakterových vlastností či tělesných znaků hodných láskyplné péče a obdivu. Zrcadlo nelže. Chopte se těch částí svého těla či osobnosti, které vás uspokojují. A zbylé části celku neodmítejte. Přijměte je, pracujte na nich, poučte se z nich. Je to součást toho, kým jste a kým vždycky budete.

Má to co dělat s tolerancí. Hleďte na sebe tak, jak si přejete, aby vás viděli ostatní. Hleďte na ostatní tak, jak si přejí, abyste je viděly. Pomozte nám ostatním vidět ten rozdíl.

Má to co dělat s laskavostí. Buďte nezdolně laskaví a vrátí se vám to.

Má to co dělat s bláznovstvím. Nebojte se odvázat, bavit se, vzepřít se konvencím. Smějte se a buďte trpělivé. Ty, kdo se smějí, potkávají příjemné věci – včetně vějířků vrásek od smíchu kolem očí! Je to lepší než opak. Na tomto světě je příliš mnoho vážných lidí.

Má to co dělat s vytrvalostí. Když něco nefunguje, přitlačte.

Má to co dělat s překonáním minulosti, předvídáním budoucnosti a s vyhýbáním se překážek mezitím. Rozvrácený domov, zlomené srdce a rozbité sny, to vše vás zajisté brzdí. Nic z toho vás však nedokáže knokautovat, pokud to nedovolíte. Kryjte si záda a dávejte pozor, kam šlapete, ale nespouštějte oči z cesty, kterou máte před sebou.

Má to co dělat s odpovědností. Vyvolá-li každá akce přiměřenou reakci, vzchopte se a čelte následkům. Samy se rozhodujte s vědomím, že když si příliš vyhovíte v jedné oblasti, budete to muset vynahradit v jiné. Abyste vyhrály jednu bitvu, budete pravděpodobně muset prohrát jinou. Poznejte, kde jsou hranice, a někde uprostřed vám bude nejlépe.

Má to co dělat s odmítáním některých z našich obecně zastávaných představ o kráse ve prospěch takových, které jsou rozumné. S dvěma dětmi a dvěma zaměstnáními je nemožné pokaždé odcházet z domu a vypadat jako mondénní dáma. Uznejte, že je nejspíš pošetilé to zkoušet. Pro toho, kdo vás miluje, můžete však vždycky chtít vypadat jako stránka z katalogu Viktoriino tajemství. Pamatujte si, že když na tom nejvíc záleží, stále můžete přimět ty pravé, aby se za vámi otočili.

Má to co dělat se životem na hranici možností a s poznáním, kdy nahlédnout za ni.

Má to co dělat s odoláním pokušení vejít se do nějaké formy. Existuje jen jediná Claudia Schifferová, ale vy jste také jen jedna. Potřebujete zdravě jíst? To se ví. Potřebujete se udržet v kondici? Určitě. Ale dodržujte *svůj* cvičební program a doporučujte *své* recepty. Vytvořte si vlastní model. Ať váš vzor následují druzí.

Má to co dělat s inspirací. Nacházíme podněty na těch

nejméně pravděpodobných místech: v diáři („To, co nás nezahubí, nás jedině posílí."), na kamarádčině ledničce („Jez, nebo budeš sněden."), na poznávací značce přibité na zdi v kanceláři jiné kamarádky („Žij svobodně, nebo zemři.").

Má to co dělat s tím stát jednou nohou pevně na zemi a druhou v oblacích.

Má to co dělat s přijímáním změn. Svět se točí a my s ním, ať je to dobře nebo špatně. Ne, do svého úboru roztleskávačky ze střední školy se už nevejdete. No a co? V nějakém butiku visí určitě parádní šatičky, které vám padnou jako ulité a poslouží stejnému účelu. (Mimochodem, kdo by se chtěl dívat na dospělou ženskou převlečenou za roztleskávačku?)

Má to co dělat s tak mocnou touhou po něčem, až se vám sbíhají sliny. Nerada se uchyluji k otřepaným metaforám o jídle, ale když chcete, aby se něco přihodilo, musíte si to umět realisticky představit. Ochutnat. Poznat. A stane se to.

Má to co dělat s pochopením svých pro a proti. Zakrývejte své vady, předvádějte své přednosti a pořádně to rozbalte.

Má to co dělat se zdravým rozumem. Přemýšlejte.

Má to co dělat s rovnováhou. Upravte si poměr práce a zábavy, výživy a tělesného pohybu, odpočinku a aktivity. Najděte takový režim, při kterém zůstanete vyrovnané a budete podávat vyrovnané výkony. Každý nerozum vyvažte nějakým rozumným skutkem.

Má to co dělat s odpouštěním. My všichni děláme chyby, velké či malé, nebudeme se tedy kvůli minulosti navzájem trestat. Jaký by to mělo smysl? Udělte úplnou milost, ale prohřešky si pamatujte. Poučte se z nich. A předávejte dál, čemu jste se naučily.

Má to co dělat s úctou. K sobě. K druhým. K novým myšlenkám.

Má to co dělat s mírem. Nemám na mysli mír celosvětový, rasový nebo mír mezi sousedy – to všechno je dobrá věc! Nejdůležitější je však mír vnitřní. Odtud všechno pramení.

Má to co dělat se způsobem života. Nestačí povrchně přežívat. Oddejte se životu a uvidíte, co se stane.

Má to co dělat s... dneškem.

Sny mají ve zvyku se plnit.
Vy si jen musíte zvyknout snít.

Poznámka redakce
Velikosti oděvů uváděné v textu se rovnají velikostem podle časopisu Burda.

Emme ve spolupráci s Danielem Paisnerem
Kouzlo osobnosti

Z anglického originálu True Beauty,
vydaného v roce 1996 nakladatelstvím Putnam's
v New Yorku, přeložila Romana Šonková.
Redigovala Hana Müllerová.
Obálku navrhla Jana Šťastná.
Vydal Knižní klub ve spolupráci
s nakladatelstvím Eminent
v Praze roku 1999 jako svou 739. publikaci.
Odpovědná redaktorka Jana Fousková.
Technická redaktorka Jana Nováková.
Počet stran 160.
Sazba SF SOFT, Praha.
Tisk Tiskárny Vimperk, a. s., Pasovská 55, Vimperk.
Vydání první.